Franzius

FREDERICK DODSON

HANDBUCH KOMMUNIKATION

WIE SIE IHRE AUSSTRAHLUNG, STIMME UND DEN WORTSCHATZ VEBESSERN
SOWIE PRÄSENZ, INTEGRITÄT UND AUTHENTIZITÄT ERLANGEN

Ratgeber

Ein Buch aus dem FRANZIUS VERLAG

Cover: Simone C. Franzius
Bildlizenzen: Grafiken im Text: Frederick Dodson, Umschlag: shutterstock
Übersetzung aus dem Englischen durch die Franzius Verlag GmbH
Korrektorat: Sigrid Wohlgemuth
Verantwortlich für den Inhalt des Textes
ist der Autor Frederick Dodson
Satz, Herstellung und Verlag: Franzius Verlag GmbH
Druck und Bindung: BoD, Norderstedt

ISBN 978-3-96050-223-4 (Hardcover)

Die Deutsche Nationalbibliothek verzeichnet diese Publikation in der Deutschen Nationalbibliografie; detaillierte bibliografische Daten sind im Internet über http://dnb.dnb.de abrufbar.

INHALT

EINLEITUNG

Dies ist ein Kurshandbuch zur Verbesserung Ihrer Kommunikation, Ausstrahlung, Durchsetzungsfähigkeit, Präsenz, Authentizität, Integrität, Wortkraft, Sprache, dem Wortschatz und der Stimme.

Im Leben geht es nicht lediglich um die physische Welt, sondern um die Menschen, die sie bewohnen und *die Energie, die sie austauschen*. Sie können Gold anhäufen, Bäume umarmen und auf Wellen surfen, aber wenn Sie die ganze Zeit allein sind, macht nichts davon Spaß. Ihr Zustand verbessert sich im Verhältnis dazu, wie viele sinnvolle Verbindungen Sie zu anderen haben. Der Zustand der Welt verbessert sich, wenn wir bessere Kommunikatoren werden.

Dieses Handbuch ist nicht für ein konventionelles akademisches oder geschäftliches Umfeld geeignet, da es offen spirituelle Begriffe verwendet, die in der Bewusstseinsforschung verwurzelt sind. Kommunikation, die nur als Sprache oder Bild verstanden wird, ist stark eingeschränkt. Dieses Missverständnis entstammt der derzeit vorherrschenden Weltsicht, dass ein Mensch »ein Gehirn und ein Körper ist« und nicht ein Bewusstsein, das mit einer Seele und einem Energiefeld ausgestattet ist. Die Hälfte aller Kommunikation ist unsichtbar! Es ist die Energie, die zwischen Menschen ausgetauscht wird. Daher sage ich immer: Sogenannten »Kommunikationskursen«, die alles, was mit Spiritualität oder Energiefeldern zu tun hat, zensieren, fehlt die halbe Wahrheit.

Um von diesem Buch zu profitieren, sollten Sie einen Marker verwenden, um die für Sie relevante Stellen hervorzuheben. Dann, wenn Sie fertig sind, lesen Sie die hervorgehobenen Teile noch einmal und suchen und finden einen Weg, sie in die Praxis umzusetzen.

Eine Anleitung ist gut. Aber eine Karte ist nicht gleichbedeutend mit dem Gebiet, das sie zeigt. Nur das, was Sie sich selbst beibringen, wirkt sich nachhaltig auf Ihre Persönlichkeit aus.

01: ENERGIE-AUSTAUSCH

Energiefelder

Sie können Ihre Lebensgeschichte vielleicht nicht in zehn Sekunden erzählen, aber die Leute können sie spüren, weil alles in Ihrer Aura gespeichert ist. Sie gehen mit einem Energiefeld umher, welches Ihren physischen Körper umgibt. Unsichtbar für das Auge, wird es aber sofort von allen anderen wahrgenommen. Alles, was Sie jemals in Ihrem Leben getan, gedacht und erlebt haben, ist dort gespeichert. Wer Sie sind, lässt sich nicht durch Worte, Make-up und Kleidung maskieren. Diese weltlichen Dinge werden Ihre allgemeine Aura verbessern, aber sie können Ihre tatsächliche Essenz keineswegs überdecken. Mit anderen Worten, Sie können leicht erkennen, ob jemand ein kriminelles Leben auf der Straße geführt hat oder gemütlich und verwöhnt aufgewachsen ist. Beide können den gleichen Anzug tragen, aber Sie würden ein anderes »Gefühl« haben. Spätestens ab dem vierzigsten Lebensjahr steht Ihnen auch der Lebensstil deutlich ins Gesicht geschrieben.

Ihre bloße Anwesenheit verändert die Stimmung eines jeden Ortes. Sie könnten in einem Raum sein, schweigen und trotzdem würden die Leute dort beeinflusst. Ihre Anwesenheit ist entweder von Vorteil oder nicht. Daher ist es am besten, Negativität loszugelassen, sobald sie auftritt, denn Sie können diese Emotionen nicht wirklich verbergen. Zum Beispiel, wenn Sie sich mit jemandem streiten und denken, dass sie nichts Schlechtes gesagt hätten, können Sie dennoch etwas Schlechtes *ausgestrahlt* haben. Für die Augen und Ohren gibt es viele Geheimnisse, aber für Ihren sechsten Sinn ist nichts geheim.

Wie können Sie also dieses persönliche Energiefeld heller und stärker machen? Durch Positivität wie Freundlichkeit. Das Ausstrahlen von Feindseligkeit zieht einige echte Gefahren in Ihr Feld, sowie schlechte Gesundheit und schlechte Finanzen, während positive Gedanken einige echte Segnungen anziehen.

Wohlwollen ist die Grundlage effektiver Kommunikation. Probleme sollten sofort angegangen werden, bevor sie ein Nest in Ihrer Aura bauen. Solange Sie versuchen, ihnen zu entkommen, werden sie immer wieder in einem neuen Gewand zurückkehren, also lösen Sie die Probleme ganz bewusst und sofort. Auch das Abbrechen Ihrer Verbindungen zu Verbänden, Organisationen und Menschen, die zu viel Negativität fördern, wird Ihr Licht erhellen.

Die Erhöhung der eigenen Bewusstseinsebene gleicht die Negativität von Tausenden aus. Dann beeinflusst Ihre Anwesenheit in einem Flugzeug und Ihre Bemühungen um einen sicheren Flug die Reise aller in diesem Flugzeug. So sind Sie direkt für das Wohlergehen aller dort verantwortlich, Sie sind in der Tat »der Hüter Ihres Bruders«. Sehen Sie, wie sich *das* anfühlt, wenn Sie das nächste Mal auf einem Flughafen herumsitzen, in der irrigen Annahme, dass niemand sonst etwas mit Ihnen zu tun hat.

Ein gestörtes oder deprimiertes Aurafeld strahlt eine kalte Energie aus. Das ist eine Kälte, die physisch gefühlt und mit einem Thermometer gemessen werden kann. Sie könnten tatsächlich

Ihre Hand ausstrecken und die Kältetaschen spüren. Wenn ein solches Energiefeld in Ihrer Nähe ist, wird Ihnen kalt. Was diese Menschen brauchen, ist professionelle Hilfe und viel Herzlichkeit ... in Form von liebevoller Güte. Die unteren Bewusstseinszustände sind eigentlich nicht Höllenfeuer und Schwefel, sondern Eis. Eis wäre ein besseres Symbol für die Hölle als Feuer. Diese Hölle auf Erden ist ein Erstarren des Gefühls, eine Selbstversenkung, eine Kontraktion, eine Herzensverhärtung. Und deshalb ist es gut, mit einem warmen, offenen und glühend strahlenden Energiefeld herumzulaufen. Denn nur in diesem Zustand zu sein hilft unzähligen Menschen, ohne dass Sie mit ihnen reden, Sie sich mit ihnen auseinandersetzen oder gar Zeit verbracht haben. Einfach an einem leidenden Menschen vorbeizugehen und ihm ein Lächeln oder nonverbale Glückwünsche zu schenken, kann seine Festgefahrenheit sofort auflösen. Sie können für andere ein Engel sein. Sobald Sie über die Suche nach Liebe und Anerkennung hinausgegangen sind und angefangen haben, sie zu geben, beginnen Sie zu glänzen.

Mit einer starken und hellen Aura müssen Sie sich nicht mehr vor Negativität schützen. Schutz ist nur bei mittleren Energieniveaus erforderlich, nicht bei höheren. Wo keine Angst (Kälte), sondern nur Liebe (Wärme) ist, gibt es keine Gefahr mehr, weil kein wirklicher Schaden passieren kann. Wenn Sie erkennen, dass Sie ein Energiefeld und kein Körper sind, fühlen Sie sich unbesiegbar ... nicht physisch unbesiegbar, aber unbesiegbar als das, was Sie wirklich sind.

Diejenigen, die mit dem arkanen Wissen vertraut sind, wissen, dass die Wärme Ihres Energiefeldes so intensiv werden kann, dass sie auch physisch gefühlt und gemessen werden kann. Diese

Wärme unterscheidet sich von der normalen vom Körper abgegebenen Wärme. Es ist eine Wärme, die Erkältungen heilen kann, wie Sie sicher bemerkt haben, wenn Sie sich um geliebte Menschen kümmern, die Erkältungen haben.

Sein ist noch wichtiger als das *Tun*. Wenn Sie Leute besuchen oder in einer Schlange stehen, zu Hause sitzen oder Auto fahren, können Sie erkennen, dass das, was Sie sind, wichtiger ist als das, was Sie tun. Anstatt sich zu fragen »Sage ich das Richtige?«, überprüfen Sie zuerst, was Sie sind. Anstatt sich zu fragen »Was werden wir tun?« passen Sie an, wer Sie sein möchten. Wenn Sie auf dem Weg zur Arbeit eine U-Bahn, einen Bahnhof oder einen Flughafen besuchen, haben Sie viele Möglichkeiten, mit diesen Ideen zu experimentieren.

Die Leute werden mehr auf Ihr Sein als auf Ihr Tun reagieren. Sie werden an verschiedenen Tagen ein anderes Sein ausstrahlen, auch wenn Ihr Tun wie beispielsweise ein Ticket zu kaufen, ins Flugzeug zu steigen usw. gleich bleibt.

Hier ist ein Geheimnis, das Ihr Leben verändern wird: **Anstatt sich darum zu kümmern, wie die Leute Sie sehen, sorgen Sie sich um ihr Wohlergehen.** Das wird Ihre Aura radikal verändern und Ihre Anwesenheit wird das ganze Flugzeug, den Zug, den Raum füllen.

Übung:

Machen Sie einen Spaziergang in Ihrer Nachbarschaft, in der Stadt oder in Ihrem Büro und strahlen Sie bewusst Freundlichkeit und Faszination aus. Externalisieren Sie Ihr Bewusstsein vollständig. Fahren Sie damit für mindestens dreißig Minuten oder länger fort. Achte Sie darauf, wie Sie sich danach fühlen und wie andere auf Ihre Anwesenheit reagiert haben.

Emotionale Ansteckung

Freude ist ansteckend. Aber natürlich ist es nicht nur Freude – alle Emotionen und Zustände werden zwischen den Menschen übertragen. Ihre Wut wird von anderen gespürt, auch wenn Sie versuchen, sie zu verbergen. Wenn Sie durch die Stadt spazieren, nehmen Sie möglicherweise die allgemeine Vibration der Menge mit und fühlen sich schläfrig, wenn Sie nach Hause kommen. Sie können spüren, ob Ihr Lebenspartner gute Laune hat oder nicht, noch bevor Sie den Raum betreten. Sie könnten das sogar spüren, wenn Sie nicht anwesend waren. Die meiste Kommunikation ist nonverbal und wird schon vorher wahrgenommen bevor wir ein Wort sagen. Sogar sexuelle Erregung ist ansteckend, also seien Sie am besten vorsichtig, wo und wann Sie es spüren. (Daher wird übrigens der Sex für beide Beteiligten besser, wenn Sie sich um Ihre eigene sexuelle Erregung anstelle der Ihres Partners kümmern.) Wenn Sie sicher wissen, dass Ihr Zustand auf alle um Sie herum und auf jeden übertragen wird, an den Sie denken, fühlen Sie sich verantwortlicher. Ihre Emotionen sind nicht so privat, wie Sie denken.

Psychologen sind sich dessen bewusst und nennen es »Emotionale Ansteckung« und haben dies in unzähligen Doppelblindstudien nachgewiesen. Leider, weil die moderne Wissenschaft alles auch nur entfernt Spirituelle unterdrückt, dürfen sie nicht sagen, warum und wie dies geschieht - durch Schwingung, durch Energie! Sie werden also sagen, dass »eine Person aufgrund der chemischen Reaktionen der Emotionen einen bestimmten Geruch verströmt und dieser Geruch von anderen Menschen aufgenommen wird«. Oder sie sagen »subtile körpersprachliche Signale werden kommuniziert und von anderen aufgenommen und so werden Emotionen übertragen«. Ich bin offensichtlich anderer Meinung. Obwohl Emotionen die Körpersprache und den Körpergeruch beeinflussen, sind dies nicht die einzigen Dinge, die vor sich gehen. Seit zwanzig Jahren ist es mein Beruf, Stimmungen zu verändern und das notfalls ohne Worte, Körpersprache oder Geruch.

Ich habe ganze Räume voller Menschen erlebt, die sich aufgrund der Anwesenheit einer Person emotional verändert haben. Ich habe gesehen, wie sie sowohl nach oben als auch nach unten verschoben wurden. Wenn ich schlecht gelaunt bin, fehlt – selbst, wenn ich mein Bestes gebe, um dies zu verbergen – meinen Seminaren das gewisse Etwas. Wenn ich gut gelaunt bin, geht es in meinen Seminaren richtig rund, egal was ich sage oder tue.

Als ich Anfang zwanzig war, nahm ich die U-Bahn und experimentierte mit dem »Einatmen« und hielt dann verschiedene emotionale Zustände fest und sah dann, wie die Menschen in der Umgebung reagieren. Eine meiner Lieblingsübungen in dieser Hinsicht war es, mich mit der Energie des Humors aufzupumpen. Ich beabsichtigte in diesen Situationen, dass »Humor« meinen Körper füllen sollte, indem ich mir vorstellte, dass ich den ganzen

Humor des Universums einatme. (Beim Ausatmen stellte ich mir nichts vor, um die Energie im Körper zu halten.) Ich machte das so lange, bis ich mich heiter fühlte.

Komische Gedanken kamen mir in den Sinn, aber das Experiment bestand darin, nicht zu lachen, nicht zu lächeln, niemandem ein Zeichen dafür zu geben, wie ich mich fühlte. Ich saß da und platzte fast vor Heiterkeit, während ich ein ernstes Gesicht behielt. Diese starke Ausstrahlung hatte immer eine bemerkenswerte Wirkung auf die Menschen, die um mich herumsaßen. Einige von ihnen begannen ohne ersichtlichen Grund zu lächeln oder zu kichern, ihre Gesichter hellten sich auf, viele von ihnen sahen zu mir herüber, weil sie spürten, dass »etwas« passierte.

Aufgrund eines weit verbreiteten Bewusstseins für emotionale Ansteckung (obwohl es in der Schule nicht gelehrt wird), fragen die Leute oft, wie sie sich vor negativen Schwingungen schützen können. Meine Antwort ist, dass der beste Schutz darin besteht, den eigenen emotionalen Zustand zu steigern, eigene Ängste und Ressentiments abzubauen. Sicher, Sie können sich eine schützende Aura um sich herum vorstellen, aber diese Methode ist schwächer, als sich einfach selbst zu verbessern. Positive Zustände sind stärker als negative und neutralisieren alles, was auf Sie zukommt. Sicher, wenn Sie rund um die Uhr mit Negativität bombardiert werden, kann Sie das wieder runterholen. Aber ein bisschen höher auf der emotionalen Skala kann Sie nichts aus der Ruhe bringen, ablenken oder müde machen. Gar nichts. Eine gute Mischung aus dem Loslassen der eigenen inneren Dunkelheit und nicht zu viel Zeit in rauer Umgebung ist also mehr als genug Schutz. Eines Tages erreichen Sie einen Zustand, in dem kein Schutz erforderlich ist, und dann ist der Zweck Ihrer Anwesenheit, Ihre Mitmenschen zu beruhigen.

Übung:

Versuchen Sie, heimlich positive Emotionen auf jemanden auszustrahlen. Überfordern Sie sich dabei nicht, lassen Sie einfach ein Gefühl der Wertschätzung oder des Humors in die Richtung Ihres Gegenübers fließen. Dieses Gefühl müssen Sie zuerst in sich selbst erzeugen. Das kann man machen, indem man sich an Dinge erinnert, die man liebt oder lustig findet. Stellen Sie sich dann einfach vor, diese Emotionen nonverbal auf eine andere Person zu übertragen. Achten Sie darauf, ob und wie die Personen reagieren. Üben Sie dies weiter, bis Sie ein Gefühl dafür bekommen, welchen Einfluss Ihr bloßer emotionaler Zustand hat.

Energieaustausch

Die Menschen sind wandelnde, sprechende Energiesphären, keinesfalls nur physische Fleischklopse. Wir tauschen täglich Energie aus. Hier ist eine unvollständige Liste, wie wir Energie mit anderen austauschen, aufgeführt von niedriger bis zu hoher Intensität:

- Körperlich nahe sein
- Gespräch
- Blickkontakt
- Händedruck
- Umarmen
- Küssen
- Sex

Hier ist eine Liste der verschiedenen Arten der Begrüßung und des Energieaustauschs, auch wieder von niedriger bis zu hoher Intensität:

- Namaste-Gruß
- Verbeugung
- High five, abklatschen
- Händedruck
- Umarmen
- Küssen

Treffen sich zwei Menschen mit guter Energie, dann ist ein Energieaustausch wünschenswert. Aber es ist nicht immer wünschenswert, weil wir nicht immer in guter Energie sind. Einige denken, dass »Menschen umarmen« allgemein eine positive Sache ist. Aber wenn der innere Aufruhr einer Person schwerwiegend ist, möchten Sie sie nicht unbedingt umarmen; es sei denn, Ihr eigenes Niveau ist so gut, dass Sie gegen deren Negativität immun sind. Oder es sei denn, Sie möchten deren Energie aufwenden, um zu helfen.

Ein Beispiel: Sie sind auf einer Beerdigung und erlauben jemandem, der trauert, Sie zu umarmen. Ihre Fürsorge wird dieser Person helfen, etwas von seiner oder ihrer Trauer loszulassen. Ich habe festgestellt, dass es keinen Energieverlust gibt, wenn Sie die trauernde Person lieben, die Sie umarmen. Liebe macht immun. Wenn Sie jedoch eine Person nicht mögen und dessen Trauer auf sich nehmen, indem Sie sie umarmen, erfolgt eine Energieübertragung, die Sie danach müder macht. Es ist nicht die Trauerenergie selbst, sondern der Widerstand gegen die Person, die Energie verbraucht. Wenn Sie Ihr Leben nach dem Motto »Liebe alle,

Diene Allen« leben, können Sie jedem ohne Energieverlust die Hand schütteln und jeden umarmen, Jede Verbindung, die Sie knüpfen, wird dann für beide Seiten ein Energiegewinn sein.

In einem kürzlich durchgeführten Seminar habe ich mehr als einhundert Studenten die Hand geschüttelt. Für mich war das aber kein Problem, da sowohl ich als auch die Schüler generell von »guter Energie« waren. Wenn ich das Gleiche in der Innenstadt mit einem Haufen Fremder machen müsste, wäre ich anschließend wahrscheinlich etwas müde und könnte eine Dusche brauchen.

In Indien grüßt man berührungslos mit dem »Namaste«-Zeichen. In Japan verwendet man die Verbeugung. Dies sind »sichere« Grüße, die nicht viel Austausch beinhalten. Der Vorteil ist, dass keine negative Energie übertragen wird. Der Nachteil ist, dass Absichten verdeckt werden. Berührung überträgt Ihre Energie und dadurch einige Ihrer Absichten und die der anderen. (Menschen, die ihre Absichten verbergen wollen, berühren nie.) Daher verwenden wir das Händeschütteln, um Vertrauenswürdigkeit und Verbindung anzuzeigen. Der Handschlag selbst kann eine Verbindung aufbauen, die vorher nicht da war.

Wenn Sie nicht in guter Energie (und dadurch meistens immun gegen Negativität) sind, sollten Sie wählerisch sein, was die Menschen angeht, mit denen Sie regelmäßig verkehren oder mit denen Sie Sex haben. Sex ist eine der ultimativen Möglichkeiten, Energien zu mischen. Natürlich macht der Energieeinfluss von anderen nur einen Bruchteil unseres *persönlichen* Gesamtenergiezustandes aus (vielleicht 15%) und übertrumpft nicht den Einfluss eigener Gedanken und Emotionen, Ernährung, Sport und

Lebensstil. Es ist also gut, sich Ihres Austauschs mit anderen bewusst zu sein, aber es gibt keinen Grund, seine Bedeutung so weit zu übertreiben, dass Sie andere für negative Energie verantwortlich machen. Wenn Sie energielos sind, haben andere vielleicht etwas damit zu tun, aber Ihre eigenen Gedanken haben mehr damit zu tun.

Sollte es passieren, dass Sie »negative Vibes« von Anderen aufgenommen haben, ist das Händewaschen oder Duschen eine gute Möglichkeit, sich zu reinigen. Duschen reinigt nicht nur die physische Haut, sondern auch angesammelte Schwingungen (noch mehr als ein Bad, das dazu neigt, die abgewaschene Energie in der Wanne verweilen zu lassen). Deshalb verspüren wir nach einem mittelmäßigen Liebesspiel den Drang zu duschen, und nach einem guten Liebesspiel möchten wir uns eine Weile gar nicht waschen.

Deshalb bevorzugen wir auch, wenn es uns richtig gut geht, nicht zu duschen, um die Energie zu behalten und wenn wir erschöpft sind, fühlt sich eine Dusche sehr erfrischend an.

Solange wir auf der Erde leben, sind wir von positiver, neutraler und negativer Energie umgeben. Natürlich werden wir auch von Menschen beeinflusst, ohne sie zu berühren. Wir alle waren schon mal in Gegenwart von Menschen, bei denen sich der Raum so angespannt anfühlte, dass wir nur so schnell wie möglich raus wollten. Und wir waren auch in Anwesenheit von Menschen, bei denen wir so lange wie möglich bleiben wollten.

Die gängigsten Herangehensweisen an negative Energie waren Kampf oder Flucht. Diese scheinen in unserem Nervensystem genetisch fest verdrahtet zu sein. Unsere »normale« Reaktion ist entweder Gewalt aufzubringen, sie zu bekämpfen (und dadurch auf ihr Niveau abzusinken) oder zu fliehen und uns selbst zu entfernen (und dadurch nichts zu lösen, sondern nur aufzuschieben). Wenn wir nicht wissen, ob wir kämpfen oder fliehen sollen, erstarren wir.

Ein eingefrorener Zustand bringt viele verschiedene Probleme mit sich, darunter die Unfähigkeit, sich zu artikulieren, die Unfähigkeit, sich zu entspannen, die Unfähigkeit, Liebe zu machen und Konzentrationsschwierigkeiten.

Bei wirklich schwerwiegenden Bedrohungen ist »Kampf oder Flucht« sinnvoll. Aber die meisten Ereignisse, denen wir im täglichen Leben begegnen, sind nicht so gefährlich. Kampf oder Flucht ist oft unnötig. Und dennoch reagieren wir auf viele harmlose Ereignisse, als ginge es um Leben und Tod. Es ist nicht hilfreich, auf Negativität oder wahrgenommene Negativität zu reagieren, als ob Sie im Dschungel tödliche Schlangen abwehren würden.

Jeder, der an psycho-spiritueller Reifung interessiert ist, wird üben, Kampf-oder-Flucht-Reaktionen zu reduzieren und andere Wege zu entwickeln, mit Negativität umzugehen. Deshalb wiederhole ich: Der beste Weg, sich gegen Bedrohungen, Angriffe und Negativität zu immunisieren, besteht darin, die eigene Stimmungsebene zu erhöhen. Das Ausstrahlen von Liebe zum Beispiel wird die Härte und Grausamkeit anderer Menschen schmelzen. In diesem Zustand werden Sie niemals zulassen, dass Sie misshandelt werden. Wenn Sie sich bewusst dafür entscheiden, dass Sie keinem bestimmten negativen Einfluss ausgesetzt sind, werden Sie es nicht sein. Es ist also nicht die beste Idee, sich jedes Mal zu entfernen, wenn es hart auf hart kommt. Es ist eine gute

Idee, sich zu entfernen, wenn Sie sich müde, krank oder abgelenkt fühlen. Aber wenn Sie gesund und fit sind, ist die negative Beeinflussung eine großartige Gelegenheit, innere Ruhe zu üben.

Sie können wegrennen, sich verstecken, kämpfen, versuchen, sich zu schützen, eine Mauer um sich selbst herum bauen, verhandeln und Bestechungsgelder zahlen, aber am Ende wird der negative Einfluss nicht verschwinden, es sei denn, Sie erhöhen Ihr eigenes Niveau bis zu einem Punkt, an dem Sie nicht mehr solchen Einfluss in Ihr Leben ziehen. Jeder Akt der Freundlichkeit und Vergebung macht Sie sofort immun gegen schlechte Energie. Ihre Selbstidentifikation kann Sie ebenfalls immun machen. Aus diesem Grund werden Polizisten statistisch selten Opfer von Diebstählen, Ärzte werden selten krank (obwohl sie von kranken Menschen umgeben sind), Fahrradfahrer leiden selten an Übergewicht usw.

Der Schlüssel liegt darin, Ihre Erstimpuls-Reaktion zu reduzieren. Denken Sie an eine Zeit zurück, in der Sie jemand scharf kritisiert hat. Beachten Sie, ob Ihr erster Impuls gewesen sein könnte, entweder zurückzuschlagen (Kampf) oder wegzugehen (Flucht). Beide Optionen sind blind für die Möglichkeiten, die solch eine Situation bietet. Manche Kritik ist berechtigt, manche nicht. Das Beste wäre also, Ihre automatische innere Reaktion zu erkennen, aber nicht entsprechend zu handeln. Üben Sie, bei der Person sitzen zu bleiben, anstatt wegzugehen, und ruhig zu bleiben, anstatt anzugreifen. Sie sollten zuerst den Kritiker anerkennen und sich etwas Zeit zum Atmen nehmen. Dann können Sie reagieren oder nicht, aber wenn Sie reagieren, tun Sie es locker und nicht verkrampft. Was geschieht? Sie kommen aus dem Gespräch mit einem besseren Gefühl als mit erschöpfter Energie. Das ganze

Leben ist ein Spiel der Energie und wenn Sie möchten, haben Sie die volle Kontrolle über Ihre Reaktionen und Entscheidungen.

Übung:

Wenn Sie kritisiert oder mit etwas Negativem konfrontiert werden, lassen Sie »Kampf oder Flucht« los. Geben Sie stattdessen Ihr Bestes, gelassen zu bleiben. Verzögern Sie Ihre Reaktion gegenüber dem, der mit Ihnen in Konfrontation geht. Wenn die Kritik ungerecht erscheint, ist überhaupt keine Reaktion erforderlich. Wenn es berechtigte Kritik zu sein scheint, akzeptiere Sie es vollständig. Üben Sie dies, bis Sie es richtig hinbekommen und keine Turbulenzen erzeugt werden.

Spirituelle Osmose

»Spirituelle Osmose« nenne ich das nonverbale Lernen, das in Anwesenheit eines Lehrers oder als Mitglied einer Gruppe stattfindet. Es könnte alles sein – ein Mathekurs, ein Sporttrainer, ein Motorradclub, eine Bruderschaft, ein spiritueller Guru, ein Tanzkurs. Durch deren Anwesenheit findet ein Energietransfer statt, der über den schriftlichen und mündlichen Unterricht dieser Gruppe oder Lehre hinausgeht. Wer ein Lehrer ist, was ein Lehrer lebt, was ein Lehrer demonstriert, was ein Lehrer fühlt, überträgt sich teilweise auf Sie. Deshalb lernt man viel schneller in einem physischen Workshop oder Seminar als bei einem reinen Online-Kurs im Internet, aus einem Buch oder einer Tonaufnahme. Wenn Sie Mitglied einer Gruppe sind, beginnen Sie unbewusst die

Mentalität, Einstellung und das Verhalten dieser Gruppe zu assimilieren ... selbst, wenn Sie nicht auf das Gesagte achten.

Die nonverbale Übertragung von Energie wird von der Gesellschaft kaum verstanden, weil noch nicht vollständig anerkannt ist, dass die Hauptsache, die zwischen den Menschen vor sich geht, der Fluss unsichtbarer Energie ist. Ob Sie einer Gruppe beitreten oder sie verlassen, hängt davon ab, wie wohl Sie sich in einer bestimmten Gruppe fühlen. Gute Lehrer wissen, dass es nicht ausreicht, bestimmte Lektionen zu vermitteln; sie müssen auch während des Unterrichts einen bestimmten Zustand von Geist und Körper repräsentieren. Wenn meine eigene Schwingungsfrequenz nicht gut ist, spielt es keine Rolle, wie klug meine Worte sind. Wenn ich dagegen strahle, kann ich viele Fehler machen und die Leute werden dennoch etwas lernen.

Blickkontakt

Jedes Mal, wenn sich Menschen treffen, wird Energie ausgetauscht. Ein wenig wird ausgetauscht, wenn sie sich online treffen, viel wird ausgetauscht, wenn sie sich physisch treffen und noch mehr, wenn es Blickkontakt gibt, der wirklich Seelenkontakt ist. Es ist albern, dass so etwas nie in der Schule gelehrt wird, nur weil die »Wissenschaft« die Existenz von Lebenskraft / Energie / Aura / Bewusstsein nicht akzeptiert. Jeder weiß instinktiv, dass Augenkontakt (zusammen mit Berührung) die meiste Energie austauscht, die man am meisten spürt, wenn man jemandem in die Augen schaut. Wir wissen auch, warum Städter dazu neigen, Blickkontakt zu vermeiden: An überfüllten Orten ist es zu überwältigend. Die Leute vom Land neigen dazu, mehr Blickkontakt zu haben, weil nicht so viele Leute in der Nähe sind.

Blickkontakt zu vermeiden, hat dann nur zwei Gründe:

- Sie wollen nicht gefühlt werden.
- Sie wollen andere nicht fühlen.

Wenn Sie nicht entdeckt werden möchten oder wenn Sie die Energie und den emotionalen Zustand eines anderen vermeiden möchten, vermeiden Sie Blickkontakt. In manchen Fällen hat es auch mit einer Art kultureller Höflichkeit zu tun, anderen den eigenen Status nicht aufzuzwingen.

Anstatt Augenkontakt oder das Fehlen von Augenkontakt als »gut oder schlecht« zu sehen, dienen sie einfach anderen Zwecken. Nehmen wir an, ich bin auf einer Versammlung oder Party und möchte keine Gespräche führen, da ich schlecht drauf bin oder mich eigentlich lieber verstecken würde. In diesem Fall würde ich Kopf und Augen leicht nach unten neigen, damit kein Blickkontakt hergestellt wird und niemand meine Stimmung ablesen kann. Augenkontakt ist der Beginn von Verbindung und Kommunikation. Wer also schüchtern ist und keine Lust auf Geselligkeit hat, sollte dies meiden.

Weil Ihre Lebensenergie durch die Augen scheint, ist es eine großartige nonverbale Kommunikation, den Kopf zu heben, sich umzusehen, sich mit anderen Augen zu verbinden. Wenn Sie wissen, wie man mit den Augen spielt, müssen Sie nicht einmal etwas sagen und werden trotzdem als »guter Kommunikator« und »interessanter Mensch« angesehen ... auch wenn Sie den ganzen Abend nur ein paar Worte gesagt haben.

Es lohnt sich, ein wenig Augenkommunikation zu üben, um die Augen bei Bedarf lebendiger werden zu lassen. Es gibt Hunderte von Dingen, die Sie nur mit Ihren Augen »sagen« können. Ohne ein einziges Wort zu sagen, können Ihre Augen sagen oder ausdrücken:

- Jawohl
- Nein
- Das ist großartig!
- Das ist seltsam
- Neugier
- Spaß
- Langeweile
- Aufregung
- Interesse
- Ruhe
- Mitgefühl
- Gerissenheit
- Arroganz
- Staunen

Konnten Sie sich die begleitenden Augen vorstellen, während ich diese Worte aufzählte? Wenn sich die Leute an Sie erinnern, erinnern sie sich nicht nur an das, was Sie gesagt haben, sie erinnern sich auch an Ihren Gesichtsausdruck.

Eine Person mit ausdrucksstarken Augen wird als lebendiger und vertrauenswürdiger wahrgenommen. Wenn Sie schlecht gelaunt, krank, wütend, ängstlich oder böse Absichten haben, vermeiden Sie direkten Blickkontakt, da durch diesen Kontakt Energie übertragen wird.

Wenn die Polizei Kriminelle verhört, versucht der Kriminelle, seine Lügen zu verbergen, indem er absichtlich Augenkontakt hält, weil dies als Zeichen der Ehrlichkeit gilt. Dies wird jedoch oft zu einem Starren, wodurch die Lügen entlarvt werden. Der Grund, warum der Blick zu einem Starren erstarrt, liegt darin, dass der Lügner versucht, absichtlich Blickkontakt zu halten, während er gleichzeitig versucht, etwas zu verstecken.

Der untreue Ehemann, der nach Hause kommt und von seiner Frau zu seinem Aufenthaltsort befragt wird, kann leicht erkannt werden, indem er entweder Blickkontakt vermeidet oder einen eingefrorenen Blickkontakt hält. Superprofessionelle Lügner werden wissen, wie man natürlich aussehende Augenbewegungen vortäuscht (in diesem Fall könnte nur die Intuition sie entlarven).

Um die »Energie zu fühlen« ist ein häufiger Blickkontakt (nicht Starren) vorzuziehen. Sie fragen sich, warum? Sie fühlen dann mehr vom Leben. Wenn Sie ständig Blickkontakt vermeiden, isolieren Sie sich vom Fluss und dem Energieaustausch, den das Leben ausmacht. Mit Blickkontakt schaffen Sie Vertrauen, Beziehungen, Freundschaft, Humor, Freude ... die ganze Palette positiver Emotionen.

Wenn also Blickkontakt so positiv ist, warum vermeiden ihn dann manche Kulturen und halten ihn für unhöflich? Wenn Sie jemals ein Buch zum Thema »Interkulturelles Verhalten« gelesen haben, werden Sie erfahren, dass jede Kultur ein unterschiedliches »Maß an Nähe« (=Energieaustausch) hat, das als angemessen erachtet wird. Russen scheinen es zu mögen, völlig Fremde zu umarmen und zu küssen, während die Japaner selten anfassen und hinschauen. Wenn Sie sich genau ansehen, wie Europäer grüßen und wie Amerikaner grüßen, werden Sie feststellen, dass Europäer oft unbewusst dazu neigen, sich auf den anderen zuzubewegen oder den Kopf leicht zu neigen oder zu nicken, während Amerikaner oft gerade stehen und sich nicht in die andere

Richtung bewegen, während sie Hände schütteln. Dieser feine Unterschied lässt die Europäer etwas höflicher erscheinen. Auf der anderen Seite lächeln Amerikaner häufiger als Europäer, was die Europäer etwas kalt erscheinen lässt.

Offensichtlich hat es einige Vorteile, seine Energie geheim zu halten und sich mit niemandem zu vermischen. Der offensichtlichste Grund ist: Nicht jedermanns Energie ist so angenehm. Ein weiterer Grund ist, dass Privatsphäre kostbar ist. Privatsphäre ist in unserer Zeit so wichtig, weil die Welt voll von invasiven, prüfenden, lüsternen und ausspähenden Entitäten ist, insbesondere online.

Ein weiterer Fall, in dem Augenkontakt nicht hilfreich ist, ist, wenn Sie nachdenken müssen (z. B., wenn Sie ein mathematisches Problem lösen oder eine Liste mit Besorgungen schreiben). Externalisierte Aufmerksamkeit hebt einen aus dem Denkmodus des Bewusstseins heraus, sodass Blickkontakt das interne Denken erschwert. Zwei Liebende, die sich anstarren, haben sich von allen rationalen Gedanken gelöst.

Aber wenn die Bewusstseinsebene des Planeten Erde steigt, wird es immer sicherer und angenehmer, sich zu verbinden, weil die Energien der Menschen gesünder und fröhlicher werden. In einigen mediterranen und nahöstlichen Kulturen gibt es das Konzept des »bösen Blicks«. Dieses Konzept ist gerade deshalb entstanden, weil viel Energie durch die Augen übertragen wird. Da immer weniger Menschen andere mit Gehässigkeit, Neid, Hass oder Angst ansehen, wird der Blickkontakt immer häufiger.

Natürlich übertrifft der Blickkontakt zwischen Lehrer und Schüler beim direkten Unterricht den Effekt von Online-Kursen. Wenn Sie zum Beispiel darüber nachdenken, eine Sprache online zu lernen, tun Sie es nicht. Es geht in Gegenwart eines echten Lehrers viel schneller, weil all die »subtilen Energien« durch die Augen übertragen werden.

Längerer Augenkontakt oder das Halten des Blicks wird normalerweise entweder in Flirt- und Romanzen-Situationen, im Kontext spiritueller Übungen oder in Schauspielschulen geübt. Das sind die Orte, an denen intensive Energie ausgetauscht wird. (Ein anderer Kontext könnten Pokerspiele und Casinos sein, in denen längerer Blickkontakt hergestellt wird, um festzustellen, ob jemand blufft oder nicht.) Ob Blickhalten sexuell oder spirituell ist, hängt davon ab, aus welchem Chakra die Absichten kommen.

In einer Flirt-Situation werden die Blickkontakte immer länger (und wenn Sie an dieser Stelle noch fragen: »Haben Sie Interesse?«, sind Sie ein Narr. Natürlich sind Sie interessiert, sonst würde der Blickkontakt nicht so lange dauern!). In einem spirituellen Kontext können Sie dem anderen tatsächlich Heilung über die Augen senden oder ihn lange in Ihrem Aufmerksamkeitsfeld halten (einer Person Raum geben). Sie können auch verschiedene telepathische Informationen übertragen sowie die verschiedenen Identitäten (Vergangenheit, Gegenwart und Zukunft) einer Person sehen.

In Extremsituationen könnte das Verständnis der Augenenergie überlebenswichtig sein. Als Kriegsgefangener würden Sie zunächst den Blickkontakt mit Ihren Wärtern vermeiden und dann im Laufe der Zeit die Augenkontakthäufigkeit erhöhen. Ich werde Ihnen nicht sagen warum, das können Sie selbst herausfinden.

Wenn Ihre Beziehung zu scheitern droht, können Sie sie verbessern, indem Sie den Blickkontakt erhöhen. Auch hier braucht es keinen Detektiv, um herauszufinden, warum.

Die Richtung der Aufmerksamkeit der meisten Menschen hängt davon ab, wohin die Augen gehen. Obwohl die Aufmerksamkeit von den Augen unabhängig ist, denken die meisten Menschen, dass sie miteinander verbunden seien. Wenn Ihr Blick also zu einer bestimmten Person wandert, ist auch Ihre Aufmerksamkeit da. Es liegt so viel Macht in den Augen, dass die Leute sie für alle möglichen manipulativen Dinge verwenden ... - wegschauen etc. Ich sage »et cetera« weil ich nicht auf all die manipulativen Möglichkeiten eingehen möchte, bei denen Augen verwendet werden können.

Fazit: Während es oft bequemer ist, Augenkontakt zu vermeiden, insbesondere wenn Sie keine Fremden treffen möchten, trägt es zu Ihrem Energiezustand bei, wenn Sie häufiger hinschauen und sich verbinden. Und schauen Sie ruhig noch ein bisschen länger. Die Realität dreht sich hauptsächlich um den Energieaustausch, der zwischen den Energieeinheiten (Menschen) stattfindet. Je mehr Sie an diesem Austausch teilnehmen, desto mehr Fülle erhalten Sie.

Hier ist ein netter Trick, wenn Sie Ihre Wahrnehmung von jemandem verbessern möchten: Stellen Sie sich ihn besser vor, als Sie ihn wahrnehmen, und übertragen Sie dann dieses positive mentale Bild auf ihn. Es wird durch Ihre Augen übertragen und Sie werden sie in einer verbesserten Version erleben. Was, das wurde Ihnen in der Schule nicht beigebracht?

Übung:

Erhöhen Sie den allgemeinen Augenkontakt, den Sie mit Menschen haben. Strahlen Sie dabei Freundlichkeit und Wohlwollen aus. Beachten Sie die damit einhergehende Verbesserung der Kommunikation.

02: AUTHENTIZITÄT UND INTEGRITÄT

Authentizität

Authentisch zu sein ermöglicht es Ihnen, durchs Leben zu gehen, ohne schüchtern, gehemmt, ängstlich, kriecherisch, ausweichend oder unfreundlich zu sein. Wenn Sie Ihr wahres Selbst sind, strahlen Sie Selbstvertrauen, Ausgeglichenheit und Leichtigkeit aus. Anstatt zu denken »Wie sehen mich die Leute?« und »Was halten sie von mir?« könnten Sie denken »Ich bin sexy und ich weiß es«. Vergleichen Sie diese beiden inneren Gespräche. Vergleichen Sie »Ich bin sexy und ich weiß es« mit dem üblichen Gedankenstrom, den Sie im täglichen Leben haben.

Wie kann man sich also die meiste Zeit mit anderen wohlfühlen? Nun, es gibt viele Dinge, die ich dazu sagen könnte, aber Sie erinnern sich vielleicht an nichts davon, wenn Sie es wirklich brauchen. Authentisch zu sein ist keine »Technik«, sondern das Fehlen jeglicher Technik.

Daher fasse ich in einem Satz zusammen, wie Sie den Zustand erreichen und erhalten, während Sie mit anderen kommunizieren:

Verlangen Sie nichts, widersetzen Sie sich nichts, geben Sie Ihre wahren Absichten ohne Zweideutigkeit an, stehen Sie zu Ihrer Aufmerksamkeit und erlauben Sie sich, in einem Zustand sanften Humors zu fließen.

Das ist es schon. Das ist die ganze Formel. Für manche kann es Jahrzehnte dauern, sie zu lernen, aber manchmal kann es auch augenblicklich da sein, nur indem man sich an diese Aussage erinnert. In dem Moment, in dem man sich nach etwas von einer anderen Person sehnt, sind Sie nicht mehr ganz frei, ruhig und klar. Aber wenn Sie nichts von anderen Personen benötigen und diese nicht dazu brauchen, etwas Bestimmtes zu sagen oder zu tun, heißt das, dass Sie die anderen genau so akzeptiert können, wie sie sind. Das sorgt nicht nur dafür, dass Sie sich wohl fühlen, sondern hilft auch den anderen, sich wohlzufühlen, und die Wahrheit zu sagen.

Wenn ich nicht darauf angewiesen bin, dass Sie mich mögen, mir Geld geben, mir Liebe geben oder irgendetwas anderes, dann bin ich kein bisschen schüchtern oder umständlich. Dann halte ich auch keine Informationen zurück und muss auch nicht um Genehmigung bitten. Auf der anderen Seite widerstehe ich auch nichts. Wenn Personen in meiner Umgebung unbeholfen oder unbequem sind, stört mich das nicht, ich wehre mich auch nicht. Ich gehe entweder woanders hin oder sende ihnen Wellen der Anerkennung, um ihren Zustand zu verbessern.

Zu viel Beschäftigung damit, wie andere Sie sehen und mit Ihren inneren Emotionen und mentalen Geschichten, ist der Kommunikation mit anderen nicht förderlich. Externalisieren Sie Ihre Aufmerksamkeit, um das Interesse in diese Richtung zu lenken, anstatt nur verzweifelt zu versuchen, bemerkt zu werden. Damit will ich sagen: Haben Sie Interesse an jemanden, anstatt zu versuchen, sie zu bekommen. Schenken Sie ein Ohr, anstatt um Aufmerksamkeit zu bitten. Legen Sie Hand an, statt sie zu brauchen. Eine solche Einstellung dreht das Spielbrett sofort um und macht Sie zu einer Quelle des guten Willens und der Energie anstelle eines Bettlers.

Sich in einen sanften Zustand des Humors zu begeben, vertreibt schnell negative Schwingungen, soziale Masken und Spannungen.

»Sanfter Humor« bedeutet nicht, jede Minute einen Witz zu machen. Es ist eine innere Ausstrahlung. Diese Ausstrahlung kann bereits dadurch aktiviert werden, dass man sich daran erinnert, sie zu aktivieren. In einem Zustand der Leichtigkeit ist es leicht, authentisch zu sein. Sie müssen nichts verstecken, nichts planen, vermeiden, Vor- und Nachteile berechnen, jemanden nachahmen oder jemand sein. Seien Sie nur gegenwärtig mit dem, was ist, hier und jetzt.

Wenn Ihnen die obige Aussage zu lang ist, können Sie sie auf diese Kurzform reduzieren: »Sie müssen nichts bestimmtes sein, Sie müssen nur SEIN.«

Auf dieser Basis entwickelt sich Authentizität. Dadurch, dass man überhaupt keine Masken trägt, verletzlich und offen ist, befreit man sich auch von den verschiedenen sozialen Rollen und Masken, die normalerweise gespielt werden. Auf dieser Grundlage können Sie neue Seinsweisen schaffen, mit dem Unterschied, dass diese bewusst gewählt werden und keine Masken aufgesetzt werden, um anderen zu gefallen. Sie sind dann echt, ehrlich, geradlinig, wagen es, Ihrem Glück zu folgen, und bringen den Mut auf, die eigene Meinung zu sagen. Sie sind in keiner inneren Geschichte gefangen, wagen es, einem einzigartigen Lebensstil zu folgen, trauen sich, das Richtige und Wahre und Kongruente zu tun.

Wie erkennt man, wenn man nicht authentisch ist? Wenn Sie nervös sind. Ihre wahres Selbst ist nie unwohl. Nur das illusorische Selbst fühlt sich unwohl.

Ein Grund, warum manche Leute es vermeiden, ihr wahres Gesicht zu zeigen, ist, dass sie sich zunächst dadurch abheben. Jemand, der hell strahlt, erhält übermäßige Aufmerksamkeit. Authentizität ist eine radikale Abweichung von der Mittelmäßigkeit, da sie die Leute aufregen kann und Sie möglicherweise nicht nur positive, sondern auch negative Aufmerksamkeit erhalten. Daher ist es am besten, Ihrem gesamten Wesen eine Prise Demut zu verleihen und denen zu vergeben, die Sie beneiden oder angreifen.

Schamlos

Das Wort »schamlos« hat in den meisten Kulturen einen negativen Unterton. Ich möchte das Wort in einem positiveren Licht darstellen.

Die »Scham bereinigen« ist die unterste Stufe auf der Skala der Emotionen. »Schamlosigkeit« bedeutet nicht, »frech, unhöflich, unbescheiden und prinzipienlos« zu sein, sondern fröhlich, mutig und authentisch. Auf einem Spektrum gibt es an einem Ende »Total Hemmung« und am anderen Ende »Total Hemmungslosigkeit«. Beides sind ungesunde Extreme.

Die Mehrheit der Menschen ist zu gehemmt und zu schüchtern, um energiegeladene Erfolge zu erzielen. Andererseits gibt es nur eine kleine Gruppe mit zu wenig Hemmung: Kriminelle und Prunksüchtige, die respektlos die Grenzen anderer überschreiten.

Neulich, als ich aus einem Zug ausstieg und durch den Bahnhof ging, entdeckte ich einen Typen, der einer jungen Dame seine Fäuste ins Gesicht schlug … wiederholt! Hier war ein Mann, dem es eindeutig an Scham/Hemmung fehlte. Die gehemmte Mehrheit ging an der Szene vorbei und schaute tatsächlich nach unten oder weg, und es brauchte Sicherheitspersonal, um den Mann zurückzuhalten. Das Mädchen blutete aus dem Mund, und während die Sicherheitsbeamten den Mann wegzerrten, zeigte sein Gesichtsausdruck immer noch keine Anzeichen von Bedauern. Bei genauerem Hinsehen stellen wir jedoch fest, dass diese Art der totalen Enthemmung nicht das Gegenteil von Hemmung war, sondern in Wirklichkeit das Ergebnis einer *unterdrückten* Hemmung.

Kriminelle Schamlosigkeit ist also gleichbedeutend mit unterdrückter Scham. Es ist eine Rebellion gegen Scham, nicht die Freiheit davon. Wirklich enthemmte Menschen haben keinen Wunsch zu provozieren, jemanden körperlich zu konfrontieren, zu verletzen, zu demütigen. Der schamlose Zustand, auf den ich mich beziehe, ist für sich selbst und andere meist harmlos. Harmlosigkeit geht Hand in Hand mit einer gesunden Psychologie. Dies bedeutet jedoch nicht, dass sich eine harmlose Person nicht selbst verteidigen oder eingreifen wird, wenn unverschämte Ungerechtigkeiten beobachtet werden. Hohes Bewusstsein ist in dem Sinne harmlos, dass es nicht angreift – aber es verteidigt.

Es gibt drei Hauptdrogen, die Scham unterdrücken und den Anschein erwecken, als ob eine Person schamlos wäre: Alkohol und in größerem Maße Kokain und Amphetamine. Wenn Sie jemals Menschen auf Kokain gesehen haben, werden Sie feststellen, dass ihre Scham wie ausgelöscht zu sein scheint. Sie werden endlos reden und grinsen (zum Ärger derer, die ihren Zustand nicht teilen) und sich im Allgemeinen so verhalten, als wären sie unbesiegbar. Ein alter Trick der Mafia, um Politiker zu erpressen, besteht darin, ihnen Kokain und eine Prostituierte zu geben und sie dann zu filmen. So enthemmt, ist es dem Politiker egal, auf frischer Tat gefilmt zu werden, er kann sich sogar in der Aufmerksamkeit sonnen. Oder eine Kamera wird heimlich installiert und er kümmert sich nicht darum, dies zu überprüfen. Später stellen diese Menschen mit Scham und Bedauern fest, dass jemand das Video hat, das ihre Karriere ruinieren könnte. Die Erpresser nutzen dessen Schande dann für Erpressungszwecke.

In Kriegssituationen, wo man hemmungslose, gefühllose Soldaten braucht, findet man immer viel Speed und Meth. Hitler selbst war süchtig nach Methamphetamin – und das war der eigentliche Treibstoff seines größenwahnsinnigen Amoklaufs durch Europa. Alle modernen bewaffneten Konflikte, die Sie in den Nachrichten sehen, sind auch teilweise Meth-getrieben. Ohne einen veränderten Zustand, der Scham unterdrückt, könnten die Personen anderen nicht schaden.

Wie in vielen anderen Fällen wird durch die Unterdrückung der Scham nichts bewältigt. Im Gegenteil: die Scham sammelt sich nur weiter an. Je mehr unterdrückte Scham es gibt, desto auffälliger wird sich eine Person verhalten, während sie high von Drogen ist. Die Drogen tun also nichts, um das Problem der niedrigen Energie zu lösen, sie halten das Phänomen aufrecht. Das Gehirn wird dann dazu gebracht zu glauben, dass Drogen der »beste Weg« sind, um mit Scham umzugehen.

Positive Schamlosigkeit ist etwas ganz anderes. Das ist das bewusste Erkennen, Fühlen und Freigeben von Schamgefühlen, was zur Befreiung von geistiger Sklaverei führt, zur Reduzierung übermäßiger Selbstzensur, dem Loslassen der »Was denken andere über mich?«-Angst. Das ist ein grundlegender Bestandteil eines erfolgreichen und freien Lebens.

Die Identitäten »liebes Mädchen« und »netter Junge«, mit denen wir herumlaufen, wurden in der Kindheit geformt. Sie sind übermäßig darauf bedacht, es anderen recht machen zu wollen, anderen zu gefallen, niemanden zu belästigen, falsche Demut zu haben, sich viel zu schnell zu entschuldigen (Entschuldigung ohne Prüfung), sich zu schämen, Fehler zu vermeiden, um Selbstbehauptung zu kämpfen, Tätern zu vergeben, Zustimmung zu suchen oder Kritik zu vermeiden.

»Aber ist es nicht gut, sich zuerst um andere kümmern zu wollen und nicht immer um sich selbst?«, könnten Sie fragen. Beachten Sie, dass ich im obigen Absatz »anderen *übermäßig* gefallen« gesagt habe. Zweitens hängt es davon ab, woher Ihr Wunsch kommt, sich um andere zu kümmern. Es kann von einem Gefühl der unterwürfigen Angst kommen. Man könnte es auch als Mangel an einem gesunden Ego bezeichnen. Oder es kann aus einem Gefühl der Freiheit und des Vertrauens kommen. In diesem Fall ist es Mitgefühl oder Freundlichkeit. Hier gilt es zu differenzieren.

Wie in meinem Buch »Levels of Energy«[1] gelehrt habe, sollte man das Ego aufbauen, bevor man das Ego ablegt. Wenn ein Mensch auf einer Skala von 1-10 Fortschritte macht, dann sind die Stufen 0-2 ego-los, 3-6 baut allmählich das Ego, Charakter und Persönlichkeit auf und dann von 7-10 wird man wieder ego-los.

---

[1] Auf deutsch erschienen als »Energie-Level - Eine spektrale Reise durch die Bewusstseinsebenen«

Der hohe ego-lose Zustand ist anders als der niedrige. Der Niedrige ist ego-los in dem Sinne, dass er keine Meinung, keine Haltung, keine Persönlichkeit, keine persönlichen Grenzen, keine Rechte, keine Identität, keinen Namen, keinen Ruf, keine Wünsche oder keine Ziele hat. Der hohe ego-lose Zustand ist ego-los im Sinne von mitfühlend, gütig, weise, frei usw.

Ganz unten geben Sie Ihre Wünsche auf, weil Sie glauben, sie nicht erreichen zu können. Oben geben Sie Ihre Wünsche auf, weil Sie sie bereits erreicht haben. Der Aufbau eines gesunden und ausgeglichenen Egos ist ein Teil der Bewusstseinserweiterung.

Als Kinder haben wir uns gefragt: »Wie muss ich sein und was soll ich tun, damit ich gemocht werde?« Unser wahres Herz zu ändern, um den Erwartungen anderer zu entsprechen, war eine Frage des Überlebens. Dann, im Erwachsenenalter, tragen wir entweder dieses unauthentische und nicht selbstausdrucksvolle Selbst weiter, oder wir rebellieren dagegen, indem wir zu »Böses Mädchen« und »Böser Junge«-Identitäten werden. Das Höhere Selbst ist keines von beiden. Es ist weder »Netter Junge« (basiert auf Scham) noch »Böser Junge« (basiert auf Scham-Unterdrückung). Es definiert sich nicht durch die Erwartungen anderer, sondern durch seine eigenen Entscheidungen.

Bei positiver Schamlosigkeit müssen Sie nicht immer zensieren, was Sie sagen, Sie können frei und spontan sprechen. Die Motivation, gemocht und akzeptiert zu werden (was paradoxerweise dazu führt, dass man nicht gemocht wird) wird nach und nach durch die Motivation ersetzt, zu denken, zu sagen und zu tun, was sich für einen richtig und gut anfühlt.

Stellen Sie sich vor, Sie haben ein Blind Date. Die meisten Leute glauben wirklich, dass sie etwas sagen, tun oder sein müssen, um die andere Person dazu zu bringen, sie zu mögen. Das enthemmte Selbst denkt nicht, dass es etwas sein oder tun muss, um beliebt zu sein. Wenn Sie das verstehen, werden Sie sich bei anderen nie wieder unwohl fühlen. Es gibt nichts, was Sie sagen oder tun müssen, um zu »sein«. Sie können in diesem Moment einfach sein, wer immer Sie sind. Sie können etwas sagen, müssen es aber nicht. Ihr natürlichstes Selbst ist mühelos.

Und wenn Sie sich nicht mehr widersetzen, wer Sie jetzt sind, wissen Sie was? So ist es einfacher, eine bessere Version zu werden. Die Motivation, besser zu werden, ist dann intern, nicht extern.

An Ihrem Lächeln und Stirnrunzeln können Sie leicht erkennen, ob Sie Ihr wahres Ich sind oder ob Sie eine Maske tragen.

Versuchen Sie Folgendes: Wenn Sie nicht lächeln möchten, tun Sie es nicht. Wenn Sie keine Lust haben, die Stirn zu runzeln, tun Sie es nicht. Versuchen Sie, Ihr Lächeln oder Stirnrunzeln oder neutrales Aussehen unabhängig von den Erwartungen anderer und der Umgebung zuzulassen.

Sie müssen nicht lächeln, nur weil jemand anderes es tut oder nur weil Sie auf einer Geburtstagsfeier sind. Sie müssen auch nicht die Stirn runzeln, nur weil jemand schlecht gelaunt ist. Dies ist eine interessante Übung, um zu erfahren, »Wer Sie wirklich« sind im Gegensatz zu »Wie Sie versuchen, dazu zu passen«. Klar, manchmal, wenn ich keine Lust zum Lächeln habe, lächle ich trotzdem, nicht um andere zu besänftigen, sondern um meinen eigenen Zustand zu verbessern. Der Unterschied liegt darin, »woher das Lächeln kommt«, welches Motiv ihm zugrunde liegt.

Positive Schamlosigkeit beinhaltet das Ablegen von Schüchternheit. Sind Sie bei bestimmten Leuten schüchtern?

Hier ist eine kurze Übung:

Stellen Sie sich vor, bei welcher Art von Person Sie schüchtern sind. Stellen Sie sich nun vor, wie eben jene unter den Achseln stinken oder Mundgeruch haben. Wenn Sie diese Vorstellung zum Schmunzeln gebracht hat, dann deshalb, weil der Kontext von »Jene sind über mir« zu »Sie sind nur menschlich« verschoben wurde. In diesem Moment verblasst wahrscheinlich ein großer Teil Ihrer Schüchternheit. Sie brauchen nicht wirklich sechs Jahre Therapie, um »Schüchternheit zu überwinden«, Sie müssen nur Ihr Denken korrigieren.

Haben Sie Angst vor Ihrem bevorstehenden Interview im Fernsehen? Dann stellen Sie sich vor, Sie führen diese Interviews seit zehn Jahren. Oder die letzten siebzig Jahre. Wie fühlt es sich an, seit siebzig Jahren, das zu machen, was Sie sich wünschten? Schmerzlich langweilig? Dieser Gedanke allein wird einen großen Teil Ihrer Angst reduzieren.

Fühlen Sie sich als schüchterner Mensch? Sprechen Sie dann etwas lauter. Allein diese kleine Verschiebung wird das ängstliche Selbst innerhalb von Sekunden auslöschen. Sagen Sie anderen gegenüber sehr deutlich, was Sie wollen? Oder halten Sie diese Klarheit der Harmonie zuliebe zurück? Wenn ja, erschaffen Sie das Gegenteil von Harmonie. Tatsächlich erschaffen Sie Chaos. Harmonie entsteht, wenn Ihr Denken, Fühlen und Sprechen klar aufeinander abgestimmt ist.

Setzen Sie Ihre Grenzen

Ich war vor kurzem im Flugzeug auf einem Überseeflug. In meiner Reihe saßen zu meiner Rechten ein Mann und eine Frau. Die Frau war die meiste Zeit des Fluges wütend und redete immer wieder auf den Typen ein. Der Typ versuchte, sie zufrieden zu stellen und zu besänftigen, aber sie wurde immer wütender und demütigte ihn vor allen anderen.

»Halt die Klappe, du Stück Scheiße!«, sagte sie laut, sodass alle es hörten.

Er antwortete mit: »Liebling, bitte sei etwas leiser« und sie sagte: »Warum? Weil du mich darum bittest? Du bist ein Idiot. Ein Verlierer! Ich habe dir gesagt, du sollst das Parfüm einpacken. Du hast es vergessen du Stück Scheiße!«

»Schatz, können wir das bitte später besprechen ...«

»Halt die Klappe du Idiot!«

Es war ein unangenehmer Anblick, jemanden öffentlich auf diese Weise gedemütigt zu sehen. Was hier vor sich ging, war, dass er keine Grenzen gesetzt hatte, die nicht überschritten hätten werden können. »Öffentliche Demütigung« scheint in gesunden Beziehungen »die Grenze zu überschreiten«. Es waren noch andere Plätze frei, er hätte aufstehen und zu einem anderen Platz gehen können, anstatt diese Art von Missbrauch für scheinbar stundenlang hinzunehmen. Wenn mich jemand so ansprechen würde, hätte ich das getan. Ich würde sagen »Nun, das ist jetzt genug, Schatz. Tschüss.«

Wenn Sie Selbstachtung haben, werden Sie sich nicht einfach einem inakzeptablen Verhalten unterwerfen. Weil der Typ keine Grenzen gesetzt hatte, musste ich es tun, wollte ich nicht unter seinem Verhalten leiden. Ich ging hinüber und sagte: »Ma'am, bitte seien Sie still, ich würde gerne lesen.«

Von einem Fremden kommend, beeindruckte es sie und den Rest des Fluges war sie ruhig. Zuvor hatte sie sich wie die einzig anwesende Person im Flugzeug verhalten, mit völliger Missachtung nicht nur ihrem Mann, sondern allen anderen Passagieren gegenüber. Nach meinem Einschreiten hatten alle Passagiere ihre Ruhe.

Es war nicht leicht für mich, dorthin zu gehen und das zu sagen. Vor zehn Jahren hätte ich es nicht getan, ich hätte geschwiegen, um kein Aufsehen zu erregen, aber diese kleinen Momente authentischer Grenzziehung sind unschätzbare Werkzeuge für das innere Wachstum. Ich konnte sehen, dass sich der Kerl unwohl fühlte. Sein Gesicht war rot vor Scham und Schuld. Meine Übernahme und das Setzen von Grenzen halfen ihm allerdings weniger. Das Beste, was er in dieser Situation emotional hätte tun können, war, die Scham loszulassen und auf die Ebene der Wut aufzusteigen und dann noch höher zu einem Zustand des Mitgefühls zu gelangen. Mitgefühl für seine gestresste Frau. Es war nicht er, der sich schämen sollte, er war nicht derjenige, der herumschrie. Und dann, um »das Gesicht wiederzuerlangen«, hätte er vielleicht so etwas sagen können: wie »Entschuldigung für den ganzen Aufruhr«.

Aber wenn man in Schuld schwelgt, ist es nicht so einfach, wieder hochzukommen. Schuld ist Energie geringer Dichte. Waren Schuldgefühle die angemessene Reaktion darauf, eine Parfümflasche vergessen zu haben und dafür gedemütigt zu werden?

Das eigentliche Problem wird jedoch schon lange vorher begonnen haben. Wenn der Typ aufhören würde, sie erfreuen zu wollen und zu beschwichtigen und stattdessen Grenzen setzen würde ... würde sie ihn verlassen? Unwahrscheinlich. Sie würde ihn respektieren.

Respekt wird nicht dadurch gewonnen, dass man versucht, für eine andere Person »alles richtig zu machen«. Ich plädiere nicht dafür, das Gegenteil davon zu tun ... die ganze Zeit herumzulaufen und mit Leuten in Konfrontation zu gehen. Wir können in diesem Fall verstehen, dass der Ehemann bis zum Äußersten ging, jeden Konflikt zu vermeiden, und sehr dafür litt.

In einem Flugzeug, in dem er die anderen Menschen nie wieder sehen würde, kann er sich natürlich rehabilitieren, sobald er den Flughafen verlässt. Doch was wäre gewesen, wenn er stattdessen vor seinen Freunden oder Arbeitskollegen öffentlich gedemütigt worden wäre?

Wenn er mein Coachee wäre, würden wir damit beginnen, über das Erkennen von eigenen Grenzen zu sprechen und kristallklar zu werden, was angemessen ist und was nicht. Wenn er zu Hause keine Grenzen gezogen hat, hat er dies in vielen Fällen auch nicht bei der Arbeit oder in anderen Bereichen getan.

Wenn Sie authentisch werden, mögen manche Leute das zunächst nicht, aber auf lange Sicht fühlen sie sich in Ihrer Nähe wohler und fühlen sich sogar von Ihnen angezogen. Es ist viel besser, offen »Nein« zu jemandem oder etwas zu sagen, als so zu tun, als sei man in Ordnung oder freundlich, während man heimliche Ressentiments hegt. Versteckter Groll frisst so viele Beziehungen stillschweigend auf. Unterbewusster Groll baut sich auf, wenn Sie »Ja« sagen, wenn Sie in Wahrheit »Nein« sagen wollen. Wenn Sie »Ja« sagen, wenn Sie etwas anderes meinen, verwirrt dies die andere Person, da dort gemischte Signale transportiert werden. Wenn Sie es nicht gewohnt sind, Grenzen zu setzen und »Nein« zu sagen, was nicht gesund ist, dann kann es zunächst etwas Mut erfordern, es zu üben. Sie fühlen sich vielleicht unwohl, wenn Sie klar sind, aber es lohnt sich sehr, standhaft zu bleiben und diese Schuldgefühle loszulassen. Sie müssten sich nicht dafür entschuldigen, wer Sie sind, und Sie müssen nicht jemand anders sein, als Sie sind, nur um anderen zu gefallen.

Sie könnten argumentieren: »Aber ich will gut zu anderen sein! Ich will Harmonie.«

Und ich sage: Es gibt einen Unterschied zwischen Unterstützung, die von Herzen kommt, und Hilfe, die aus dem Gefühl kommt, anderen etwas schuldig zu sein oder Anerkennung zu wollen oder eine Gegenleistung zu erwarten.

»Mitgefühl«, das im Gegenzug Liebe oder Anerkennung erwartet, ist kein echtes Mitgefühl. Deshalb lehre ich, dass es immer eine gute Idee ist, zuerst das eigene Wohlbefinden zu verbessern, bevor man versucht, andere zu »reparieren«. Das Beste, was Sie für andere tun können, ist, selbst einen guten Zustand zu haben. Sich selbst zuerst zu betrachten, ist nicht »egoistisch«, sondern Selbstachtung. Nur wenn man Energie hat, hat man wirklich etwas, das man anderen geben kann, etwas, das nicht vom »Gefallen-wollen« motiviert ist. Scheuen Sie sich nie, Ihre Vorlieben, Wünsche und das, was Ihnen guttut und was nicht, offen zu sagen. Wo keine Grenzen gezogen werden, passiert das Fehlverhalten wieder.

Ich kannte eine Dame, die in der Innenstadt eine alternative Heilpraxis hatte. Sie machte immer Zugeständnisse, gewährte den Menschen eine kostenlose Behandlung, angeblich aus »Gutherzigkeit«. Je mehr kostenlose Behandlungen sie gab, desto weniger Leute erschienen. Schließlich musste sie ihre Praxis schließen, weil sie die Miete nicht bezahlen konnte.

Die Güte war halbherzig. Die wahre Motivation war die Angst vor Unwürdigkeit, der Wunsch, beliebt zu sein. Dementsprechend hielten ihre Kunden nicht viel von ihr. Somit arbeiteten wir an der Idee, frei und großzügig zu geben ... und gleichzeitig frei und großzügig zu nehmen. Das »Anzunehmen« fehlte in der Gleichung. Dann lernte sie, dass sie ein Schamgefühl hatte, etwas zu nehmen. Als das überwunden war, wurde ihr Geben authentischer. Sie gab dann nicht, um zu besänftigen, sondern aus Freude. Bald waren ihre Schulden beglichen und sie war wieder im Geschäft.

Jede Realität, die Sie erschaffen möchten, erfordert das Ziehen von Grenzen. Sie müssen Ihren Fokus auf eine bestimmte Frequenz und Realität beschränken und alles ignorieren, was nicht mit dem übereinstimmt, was Sie gewählt haben. Zu vielen Dingen »Nein« und zu den richtigen Dingen »Ja« zu sagen ist das Markenzeichen sehr erfolgreicher Menschen.

»Wenn ich echt bin und die Wahrheit sage, werden die Leute mich nicht mögen«, sagte ein Mann zu mir, aber die Wahrheit ist: Sie können und Sie sollten nicht versuchen zu kontrollieren, ob jemand Sie mag oder nicht. Lieben Sie sich selbst und behandeln Sie sich selbst freundlich und dann werden einige Sie mögen und andere nicht. In jedem Fall wird es den anderen leichter fallen, Sie zu mögen, weil Sie glücklich sind.

»Ich habe ihm so viel gegeben, warum liebt er mich nicht?«, fragte eine Dame. Der Grund war: Weil sie nicht wirklich »gab«, sie gab und erwartete als Gegenleistung Liebe.

Sehen Sie den Unterschied?

»Ich habe alles für sie getan und jetzt hat sie mich wegen einem anderen Typen verlassen. Wie ist das möglich?«, fragte ein anderer.

Nun, er tat alles für sie, wahrscheinlich hat gerade dies sie erstickt, also ist sie dann gegangen. Sie hat die Freiheit dem Butler vorgezogen. Die Leute wollen nicht, dass alles für sie getan wird, sie wollen sich selbst entwickeln.

»Ich versuche, bei der Erziehung meiner Kinder alles richtig zu machen. Warum hören sie nicht auf mich?«, fragte ein anderer.

Es liegt daran, dass Sie andere nicht kontrollieren können. Anstatt zu versuchen, »alles richtig« (=angstbasiert) zu machen, seien Sie nett zu sich selbst und lassen Sie den Perfektionismus los.

»Er nimmt mein ganzes Geld und gibt es zum Trinken aus ... aber ich vergebe ihm, weil ich ihn liebe.«

Sind Sie sich sicher, dass Sie wollen, dass er das Geld, das Sie verdient haben, für seine eigene Selbstzerstörung verschwendet? Ist das wirklich Liebe? Oder wäre ein »Nein« nicht liebevoller zu sich selbst und ihm?

In den letzten Beispielen können Sie sehen, wie die Wörter »alles« und »alle« die Grenzenlosigkeit bezeichnen. Ihre persönlichen Grenzen können eng oder weit sein, aber sie sollten festgelegt werden. Wenn sie nicht von Ihnen definiert werden, definieren andere sie für Sie, dringen in Ihren Raum ein und verwenden Sie als Fußmatte.

Jeder hat etwas von diesem »Besänftigen anderer« zu einem gewissen Grad. Wieso? Weil es in der Kindheit gebraucht wurde.

»Was muss ich tun, damit Mama und Papa mich mögen?«, war damals eine wichtige Frage. Und wir übertragen das ins Erwachsenenalter, indem wir fragen: »Was muss ich sagen und tun, damit die Leute mich mögen?«

Die falsche Schlussfolgerung lautet: »Wenn ich keine Grenzen setze, werden die Leute mich mögen.«

Das Gegenteil trifft zu. Wenn Sie »Nein« sagen oder Grenzen setzen, helfen Sie den Menschen, weil sie die Parameter und

Spielregeln lernen, innerhalb derer eine bestimmte Realität stattfindet. Wenn Sie dies nicht tun, geraten die Menschen in einen Raum der Unsicherheit, des Zweifelns und der Verwirrung.

Sie können heute damit beginnen, klar zu definieren, was in Ihr Leben gehört und was nicht und dann allmählich loswerden, was nicht ... auch wenn es zunächst schmerzhaft erscheint. Auf Dauer ist es nicht schmerzhaft, es ist befreiend. Wenn Ihnen die Wahrheit schmerzlich erscheint, dann ist es längst überfällig, Ihr Leben zurückzugewinnen und neu zu entdecken, dass die Wahrheit wunderbar erfrischend ist.

Noch etwas: Wenn Sie nicht zu sehr anecken möchten, beachten Sie, dass das Setzen von Grenzen keinen wütenden oder starren Ton erfordert. Wenn Sie es mit furchtloser Ruhe tun, wird Ihre Grenzziehung leichter von anderen übernommen. Das garantiert natürlich nicht, dass niemand beleidigt wird. Wenn Sie die Fackel der Wahrheit tragen, werden einige Bärte angekokelt. Sie können die Turbulenzen minimieren, indem Sie aus der Ruhe heraus kommunizieren.

Übung:

Sagen Sie »Nein« zu etwas, zu dem Sie schon länger »Nein« sagen wollten.

Übung:

Sagen Sie die Wahrheit über etwas, über das Sie schon seit einiger Zeit die Wahrheit sagen wollten, auch wenn es nicht einfach ist.

Übung:

Sagen Sie »Ja« zu etwas, zu dem Sie schon länger »Ja« sagen wollten.

Zehn Faktoren, die Ihre Integrität stärken

1. Wechseln Sie von »Was bekomme ich?« zu »Was gebe ich?«
2. Listen Sie Ihre Stärken und Schwächen auf und arbeiten Sie daran, Ihre Schwächen auszumerzen und Ihre Stärken zu trainieren.
3. Wenn Sie innerlich »Nein« sagen, sagen Sie äußerlich nicht »Ja«. Sie können auch sanft »Nein« sagen.
4. Kommunizieren Sie offen die Probleme, die Sie sehen. Verstecken Sie sich nicht. Gehen Sie dorthin, wo es wehtut, und ändern Sie dies zum Positiven.
5. Verstehen Sie, bevor Sie verstanden werden wollen.
6. Interesse an anderen macht Sie interessant.
7. Seien Sie aufmerksamer mit Ihrem Wort und Ihren Worten im Allgemeinen.
8. Folgen Sie einer Vision, die höher ist als Sie selbst.
9. Dienen Sie anderen, *ohne sich selbst zu schaden.*
10. Leben Sie aus dem Kontext Ihrer Werte und Prinzipien heraus.

Seien Sie ein aufrichtiger Mensch

Sie können ein aufrichtiger Mensch sein - physisch und psychisch/spirituell. Das eine beeinflusst das andere.

Eine aufrechte Körperhaltung verbessert Ihren Zustand und Ihre Autorität. Wenn Sie die Angewohnheit haben, zusammenzusacken oder bei Ihren körperlichen Bewegungen unbewusst sind, können Sie durch eine Korrektur Ihrer Körperhaltung ein wenig zusätzliche Kraft gewinnen. Je nach Situation können Sie auch verschiedene bewusste Posen einnehmen. Das Ausstrecken der Arme zum Beispiel in den Himmel schafft eine sofortige Offenheit für Energie. Ihr Geist handelt entsprechend Ihren Körperbewegungen. Wenn Sie mehr Kontrolle über sich haben, wird ein entsprechendes Gefühl im Kopf erzeugt. Das Anspannen der Muskeln oder das Verschränken der Arme fördert die Konzentration. Bewusstes Lächeln steigert die Freude. Die bewusste Verwendung von Gesten erleichtert es, jemanden zu überzeugen.

Die Grundlage willentlicher und bewusster Bewegung ist Aufrichtigkeit. Aufrecht zu sein bedeutet, dass Sie sich dessen bewusst sind, was um Sie herum passiert. Aufmerksamkeit im Sinne von bewusster Präsenz ist nicht sehr nützlich, wenn Sie zu Hause sitzen und einen Film ansehen, aber sie ist nützlich, wenn Sie ein wichtiges Meeting haben. Aufrichtigkeit ist eine Frage der Aufrichtung der Wirbelsäule. Es dauert nur eine Sekunde des Bewusstseins. Damit aus der aufrechten Haltung keine Verkrampfung wird, wechselt man sie am besten mit Entspannungsphasen ab.

Psychologische Aufrichtigkeit ist Ihre Fähigkeit, auch in herausfordernden und schwierigen Situationen dem Weg Ihres Herzens treu zu bleiben. Wie leicht wäre es, Sie von einem von Ihnen gewählten Weg abzulenken? Schwanken Sie im Wind der Veränderung oder halten Sie an Ihren Werten und Prinzipien fest? Lassen Sie sich leicht von Angst und Begierde beeinflussen? Können Sie an Ihrem Ziel festhalten, auch wenn die Leute sagen, man solle aufgeben? Psychologische Aufrichtigkeit ist Belastbarkeit. Spirituell aufrecht zu sein bedeutet, »Rückgrat zu haben«. Wenn Sie »Rückgrat haben«, bedeutet dies, dass Sie nicht bei der geringsten Versuchung oder Unterbrechung nachgeben. Wenn ich Ihnen fünfzigtausend Dollar anbiete, um Ihren besten Freund zu verraten (und er würde es nie herausfinden) und Sie dies aus einem Gefühl der Integrität ablehnen, liegt das daran, dass Sie »Rückgrat haben«.

Auf der Seelenebene ist nichts verborgen, also selbst wenn Sie es schaffen, Dinge im Physischen zu verbergen, können Sie nie etwas wirklich verstecken. Deshalb ist es unglaublich stärkend, einen aufrichtigen Charakter zu haben. Vielen Menschen, die nach »Magie« suchen, um Dinge für sich zu reparieren, wäre besser gedient, Integrität zu kultivieren und dadurch ein integriertes Wesen zu werden. »Integriert« sein bedeutet, als Teil des Ganzen zu handeln, in Bezug auf die Gesellschaft, in der man lebt.

Wie steigern Sie Ihre Wortkraft

Damit Ihr gesprochenes Wort Autorität und Macht gewinnt, reduzieren Sie Lügen, Geschwätz, Klatsch. Wenn Sie eine Lüge erzählen, tut Ihnen das mehr weh als einem anderen.

Warum? Weil Sie Ihrem Unterbewusstsein beibringen, dass Ihr Wort keine Bedeutung oder Realität hat! Wenn Sie also das nächste Mal Ihr Wort verwenden möchten, um eine Realität zu schaffen, wird Ihre Absicht keine Wirkung haben. Schließlich haben Sie sich selbst beigebracht, dass das, was Sie sagen, nicht wahr ist. Wenn Sie jedoch Ihren Körper / Geist darauf konditioniert haben, zu glauben, dass Ihr Wort wahr ist, dann wird sich das, was Sie sagen, leichter in Ihrem Leben manifestieren.

Affirmationen, Gebete und Beschwörungen gewinnen nur dann an Bedeutung, wenn Ihr Wort genug Kraft hat. Möglichkeiten, es zu erhöhen, sind:

1. Stille

Ein Mensch hat nicht ohne Grund zwei Ohren und einen Mund. Dies ist die Natur, die Ihnen sagt, dass die Menge des Zuhörens doppelt so groß sein sollte wie die des Sprechens. Wenn Sie zu viel reden, wird Ihre Wortmacht nicht erhalten, sondern zerstreut. Aber dann, wenn Sie endlich reden, wird Ihr Wort viel mehr Gewicht haben. Wenn Sie Präsentationen halten, machen Sie mehrere Pausen. Es sind die leeren Räume zwischen den Absätzen, die die Aufmerksamkeit des Publikums auf sich ziehen. Die Worte, die dann gesprochen werden, haben mehr Wirkung, als hätten Sie sie in einem langen, nie endenden Streifzug gesprochen. Stille ermöglicht es Ihnen auch, Ihre Gedanken zu sammeln, damit das, was schließlich aus Ihrem Mund kommt, gut klingt. Diese Regel gilt nicht für schüchterne Menschen, die »Schweigen« vortäuschen, weil sie Angst haben zu sprechen. Wenn Sie zu sprechen scheuen, tun Sie das Gegenteil von dem, was hier empfohlen wird, damit Ihr Wort Wirkung zeigt.

2. Stoppen Sie den Klatsch

Positiv über andere zu sprechen ist anregend, aber wenn möglich, vermeiden Sie es, schlecht über andere zu sprechen, denn dies spiegelt sich letztendlich schlecht auf Sie wider, nicht nur auf die Leute, über die Sie tratschen. Die meisten Leute sind sofort begeistert, wenn jemand anfängt zu klatschen, sie lieben es, es zu hören, aber Ihr Unterbewusstsein verurteilt Sie dafür. Was sie wirklich denken ist: »Wenn ich nicht da bin, werden Sie über mich lästern!«

Klatsch ist einer der großen Energieverschwender und Tausende von Zeitschriften leben davon und ziehen die Aufmerksamkeit der Menschen auf sich (= Lebensenergie). Sie haben die

Wahl, sich vom Klatsch abzuwenden – Ihrem eigenen und anderen. Wenn ich mich erwische, wie ich neugierig auf die Missetaten von jemandem werde, halte ich mich normalerweise davon ab. Wenn ich anfange, über andere Leute zu schimpfen, höre ich normalerweise auf und wechsle das Thema. Wenn ich in einen Zeitungsartikel mit Promi-Klatsch hineingezogen werde, tue ich mein Bestes, um aufzuwachen und aufzuhören zu lesen.

3. Halten Sie Ihr Wort

Das Brechen Ihrer Versprechen oder Absichten hat eine lähmende Wirkung auf Ihre Wortkraft, weil Sie sich selbst beibringen, dass das, was Sie sagen, nicht wahr wird. Bis ins kleinste Detail können Sie Ihr Wort verfeinern: Wenn Sie sagen, dass Sie sich um 20 Uhr mit jemandem treffen, dann tun Sie Ihr Bestes, um 20 Uhr zu erscheinen. Ihr Unterbewusstsein nimmt solche Details zur Kenntnis und geht davon aus, dass Ihr Wort etwas wert ist. Sie können nicht lügen und Unwahrheit sagen und dann später am Tag erwarten, dass Ihre Absichten wahr werden. Nur um »einen guten Eindruck zu hinterlassen«, versprechen wir manchmal Dinge, die wir nicht wirklich halten wollen. Versprechen Sie am besten nicht zu viel, wenn Sie sich nicht sicher sind.

»Ich möchte es um 20 Uhr schaffen« klingt natürlich nicht so entschieden wie »Ich werde um 20 Uhr da sein«, aber manchmal ist es die bessere Wortwahl.

4. Machen Sie eine Runderneuerung Ihres Vokabulars

Lernen Sie neue Vokabeln und neue, nicht routinemäßige Ausdrucksformen. Beachten Sie auch, wie die Wörter, die die Leute verwenden, viel über deren Absichten und deren aktuellen

Zustand verraten. Es gibt einen großen Unterschied, ob Sie den Tag mit den Worten: »Fuck, ich habe den gottverdammten Zug verpasst« beginnen oder mit den Worten »Ich danke der Urquelle allen Seins für einen wundersamen Tag, den ich mitgestalten darf«.

Ihr gesprochenes Wort ist ein Energiestrahl, der Ihren Körper verlässt, sobald Sie es aussprechen. Es geht hinaus ins Universum. Und es kehrt zu Ihnen zurück.

Neulich habe ich gehört, wie jemand das Wort »Großartigkeit« verwendete. Ich hatte dieses Wort noch nie zuvor verwendet, also beschloss ich, es an jenem Tag anzuwenden. Das Erlernen neuer Wörter hält Ihren Geist und Ihre Sprache frisch und leicht.

5. Üben Sie Worte der Wertschätzung

Gewöhnen Sie sich an, Dinge und Menschen zu loben. Schenken Sie Ihre Worte des Segens und der Wertschätzung überall, wo Sie hingehen. Tun Sie dies nicht, um Menschen zu manipulieren oder wenn Sie es nicht ernst meinen. Aber wenn Sie es ernst meinen, drücken Sie es aus. Es gibt Kellner, Taxifahrer, Ehepartner, Chefs, Angestellte, Freunde, die Sie sofort aufmuntern werden, wenn Sie etwas an Ihnen zu schätzen wissen. Aber das wahre Geheimnis ist, dass es Ihnen sehr viel nützt.

Vertrauen sie keinem Alarmisten

Ein Alarmist ist jemand, der eine Bedrohung für die Menschheit, eine Region, eine Person oder sich selbst grob übertreibt. Sie haben auch einen inneren Alarmisten, der sich Angst nennt, und mehrere externe Alarmisten, die versuchen, Sie davon zu überzeugen, dass die Dinge nicht gut sind und schnell bergab gehen. Ich traue Panikmachern nicht und reagiere nicht auf sie. Hier ist eine Auswahl einiger alarmistischer Aussagen, die mir im letzten Jahrzehnt zugetragen wurden und auf die ich in keiner Weise reagiert habe:

»Die Schweinegrippe wird die Zivilisation, wie wir sie kennen, auslöschen. Sorgen Sie vor und seien Sie vorbereitet. Lagern Sie Waren ein und bauen Sie sich einen Bunker, bevor es zu spät ist!!!!!«

Antwort: Nein. Wird nicht passieren.

»Wir leben in der größten Wirtschaftskrise, die das Land je erlebt hat. Es ist Zeit, sich mit Lebensmitteln einzudecken, denn das Ende ist nah!«

Antwort: In den späten 1930er Jahren standen die Menschen Schlange, um einen Laib Brot zu ergattern - wenn sie Glück hatten. Heute stehen sie Schlange, um das neueste i-Pad zu bekommen. Ich glaube nicht, dass wir die gleiche Definition von Wirtschaftsdepression haben.

»Der Präsident wird eine landesweite Diktatur errichten! Planen Sie Ihre Flucht besser so schnell wie möglich!!!!!!«

Antwort: Wird nicht passieren.

»Oh mein Gott! Sie haben Codierungsfehler auf Ihrer Website! Google wird Sie herabstufen und Sie verlieren dadurch Kunden!!!!!«

Meine Antwort: Ich bin kein Sklave von Google. Die Quelle meines Überflusses ist das unendliche Universum, nicht Google.

Alarmisten sind Aufmerksamkeitssuchende, die eine Drohung übertreiben, um sich Gehör zu verschaffen oder Sorgen zu verbreiten. Einige Alarmisten sind heimliche Vermarkter, die Ihnen etwas verkaufen wollen. Wo ein Panikmacher ist, ist normalerweise ein Lügner. Selbst wenn etwas Schlimmes passiert, wäre das kein Grund, in einem verrückten, sensationellen Ton darüber zu reden. Angst würde einer schlimmen Situation sowieso nicht helfen, nur Taten würden helfen.

Der Punkt, den ich anspreche, ist: Lassen Sie nicht zu, dass Alarmisten einen Angstzustand bei Ihnen erzeugen. Selbst wenn die Welt explodieren sollte, lebt Ihre Seele weiter. Integrität bedeutet, anderen positive Informationen zu geben. Wenn keine positiven Informationen bereitgestellt werden können, liefern Sie zumindest genaue, nicht verallgemeinernde, nicht überbewertete Informationen.

Das Ende des Kriechens

Kriechertum ist schädlich für Ihre Integrität. Ein paar Synonyme, um zu verdeutlichen, in welchem Sinne ich das Wort meine: Bedürftig, bettelarm, unterwürfig, stiefellecken, sklavisch, falsche Bescheidenheit, rückgratlos, speichelleckend, windend, begierig, sehnsüchtig, mittellos.

Und ein paar Antonym, um es klarer zu machen: Würdig, edel, königlich, reichlich, stolz, erhaben, vorzüglich, kühn, kühl, unnachgiebig, ehrenhaft, lobenswert, aufrecht.

Ein paar Beispiele von einschleimendem Verhalten, die ich im wirklichen Leben gesehen habe:

- Eine Frau möchte, dass ein namhafter Hollywood-Produzent ihr Drehbuch liest. Sie erklärt sich einverstanden, zwei Jahre in seinem Büro zu arbeiten, um seinen Kaffee zu holen, sein Auto zu waschen, seine Kinder zu babysitten, Lügen für ihn zu erzählen und sogar Sex mit ihm zu haben, wann immer er es befiehlt. Und das alles mit dem vagen Versprechen, dass er »eines Tages« ihr Drehbuch lesen könnte (und es einfach lesen, nicht einmal billigen würde). Da die Frau ihre Integrität völlig kompromittiert hatte, wird sie natürlich nie Erfolg haben. Es stellte sich viel später heraus, dass der Produzent sich nie die Mühe gemacht hatte, das Werk zu lesen. Er hatte es fast sofort in den Müll geworfen.
- Ein Mann möchte eine bestimmte Frau heiraten, seine »Traumfrau«, wie er sagt. Noch bevor die Frau zum ersten Treffen kommt, lässt sie ihn ihren Urlaub bezahlen. Im Urlaub sagt sie, dass sie Jetski fahren möchte, also arrangiert er es. Kurz vor dem Termin sagt sie, sie habe es sich anders überlegt und würde lieber auf eine Yacht gehen, also sagt er »natürlich!« und sorgt dafür. Sie erscheint nicht zur vereinbarten Zeit und nimmt stattdessen an einer anderen Strandparty teil. Als sie zurückkommt, konfrontiert er sie nicht damit oder verlangt eine Entschuldigung. Dies geht eine weitere Woche so weiter, wobei er niemals »Nein« zu ihren Possen sagt, und allem zustimmt, was sie will. Natürlich langweilt sie sich unglaublich bei diesem rückgratlosen Weichei und tritt ihn in den Bordstein. Er ist »am Boden zerstört« und sagt: »Ich verstehe nicht, wie sie mich verlassen konnte! Ich habe alles für sie getan!«

Aber genau das ist das Problem, Kumpel … du hast alles für sie getan, egal ob es dein Wertgefühl, deine Prinzipien, deine Wahrheit oder deinen Respekt verletzt. In einem so unterwürfigen Zustand kann man für sie unmöglich interessant sein.

In einem Zustand solcher Unterwürfigkeit sind Sie zutiefst außer Kontakt mit Ihrer inneren Fülle. Stattdessen projizieren Sie anderen Menschen, Chefs, Vorgesetzten, Prominenten, VIPs zu viel Bedeutung zu. Wenn Sie in deren Nähe sind, wird Ihre Aufmerksamkeit auf sie fixiert und eingefroren, ohne etwas anderes als sie zu bemerken oder wahrzunehmen oder sich sogar für etwas anderes als sie zu interessieren – nur um einen »guten Eindruck« zu machen. Selbstbewusstsein ist das genaue Gegenteil davon.

Ihre innere Welt ist sich selbst genug. Sie schätzen die Aufmerksamkeit anderer, aber wenn diese sie Ihnen nicht geben, denken Sie »das ist deren Verlust, nicht meiner«. Oder Sie denken gar nichts. Kein Mensch ist wichtiger als das unendliche und ewige Wesen, von dem Sie eine Miniaturversion sind. Die Person der Integrität wartet nicht auf die E-Mail des Chefs, auf das Lob des Kunden, auf das Geld der Bank, auf den Applaus der Welt, die Aufmerksamkeit des Partners, die Anerkennung des VIPs oder das Google-Ranking. Er oder sie wartet auf nichts und niemanden, denn er (oder sie) strotzt nur so vor Energie und Freude im Hier und Jetzt.

Weggehen oder Stärke beweisen?

Ein typisches Dilemma, mit dem viele in einer unangenehmen Situation konfrontiert sind, ist, ob sie versuchen sollten, sie zu verbessern oder sich auf andere Dinge zu konzentrieren.

»Soll ich in meiner schwierigen Beziehung bleiben und versuchen, sie zu verbessern, oder sollte ich sie loslassen und woanders suchen?«

»Soll ich an meinem Geschäft festhalten, das nicht funktioniert, oder sollte ich loslassen und mich für etwas Besseres öffnen?«

Leute fragen mich diese Dinge. Ich habe keine einfache Antwort auf dieses Dilemma, aber ich kann Ihnen versichern, dass beide Wege ihre Berechtigung haben. Weggehen ist die Praxis, unnötiges Gepäck loszulassen. Sich mehr anzustrengen ist die Praxis, sich stärker zu machen, um das Gepäck zu tragen. Wenn Sie das Gepäck fallen lassen, fühlen Sie sich leichter. Wenn Sie das Gepäck behalten, werden Sie stärker. Normalerweise sage ich den Leuten, dass das Leben eine flüssige und ausgewogene Mischung aus beiden Verhaltensweisen sein kann. Man sollte nicht jedes Mal weggehen, wenn es ein bisschen schwierig wird. Aber Sie müssen sich auch keine jahrelangen Schwierigkeiten und Mühen gefallen lassen. Zu wissen, dass beide Wege Vorzüge und Vorteile haben, macht die Entscheidung oft leichter.

03: WIE MAN DIE ANGST BEENDET

Angst ist der Magnet, der seltsame unerwünschte Dinge in Ihr Leben zieht. Ihre Schwestern sind Schüchternheit, Paranoia, Gehemmtheit, Panik und Sorge. Es zeigt sich als Angst vor Ablehnung, Angst vor Arbeitsplatzverlust, Angst vor dem Verlust des Partners, Angst vor dem finanziellen Ruin, Angst vor dem Rampenlicht, Phobie vor geschlossenen Räumen, Phobie vor Insekten, Phobie vor offenen Räumen, Angst vor dem Vergessen, Angst vor dem Altern, Angst vor Einsamkeit, Höhenangst, Angst vor Lärm, Angst vor dem Unbekannten … die Liste ist endlos.

Neurotische vs. natürliche Furcht

Meiner Schätzung nach sind 95 Prozent aller Ängste neurotisch oder subjektiv und nur fünf Prozent natürlich bedingt oder legitimer Schutz vor Gefahr. Sie fühlen sich auch anders an. Ein Beispiel einer legitimen, gesunden und positiven Furcht: die Angst vor Giftschlangen. Diese Angst hilft, einen großen Bogen um die Gefahr zu machen, anstatt in den physischen Tod hineinzulaufen. Wie dem auch sei, auch diese Furcht kann neurotisch und subjektiv werden, sobald selbst der Anblick einer Schlange hinter einer sicheren Glasscheibe Sie erstarren lässt oder Sie in Bezug auf

Schlangen in Ihrem Schlafzimmer paranoid werden, obwohl da gar keine sind. Gegenstände oder Situationen, bei denen neurotische und natürliche Angst miteinander vermischt werden, sind am schwierigsten zu überwinden, weil die Menschen erst einmal eine schwierige Phase damit verbringen, hier zu differenzieren. Ein anderes Beispiel hierfür ist die Höhenangst. Es ist nur natürlich, gegenüber Höhen skeptisch zu sein, um zum Beispiel nicht von einem Wolkenkratzer zu stürzen, den man mit seinen Kindern besucht. Aber es ist neurotisch, so viel Angst zu haben, dass man ab einer bestimmten Höhe trotz eines hohen Schutzzauns krank und einem schwindelig wird.

Im Folgenden werden wir über neurotische Ängste sprechen. Es versteht sich von selbst, dass man nicht zu einer Therapie gehen muss, um die Angst vor Giftschlangen oder ratterndem Maschinengewehrfeuer loszuwerden, falls und wenn diese sich in der Nähe befinden oder es wahrscheinlich ist, dass dies gleich passieren wird. Anstatt zu einer Therapie zu gehen, sollte man schnellstmöglich aus der Schusslinie verschwinden.

Warum das Unterdrücken von Furcht Lebensenergie verschwendet

Wenn eine Angst immer wiederkehrt, tendieren wir dazu, diese zu unterdrücken, weil wir es einfach nicht mehr aushalten können. Angenommen, in zwei Wochen findet ein Examen statt und Sie haben Panik davor, weil Sie nicht wirklich gut dafür gelernt haben. Anstatt nun mit dieser Angst umzugehen, indem Sie entweder Ihre *Gedanken* bezüglich des Examens (Glaubenssätze) oder Ihre *Handlungen* (Lernverhalten) im Hinblick auf das

Examen ändern, machen Sie einfach so weiter und ignorieren sie (unterdrücken sie). Sie werden anfangen, sich ausgelaugt zu fühlen oder Kopfschmerzen zu haben. Die Furcht wird zwar nicht mehr so intensiv sein, aber Sie werden sich weniger lebendig fühlen. Das folgende Bild verdeutlicht die Idee.

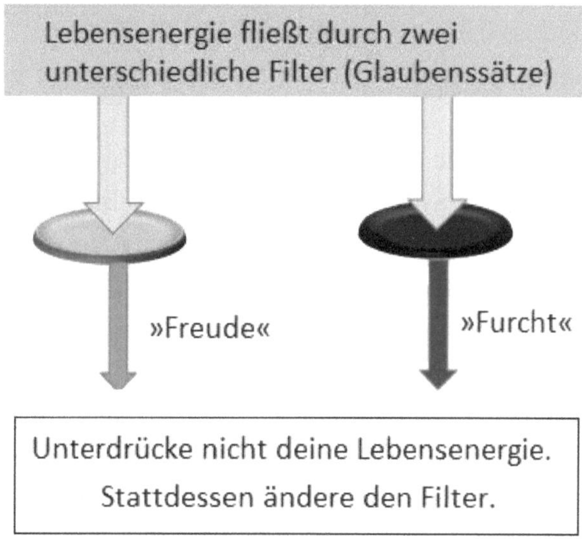

Angst und Freude

In diesem Sinne sind Liebe, Freude, Furcht und Hass alle die »gleiche Energie«, die durch verschiedene Filter fließt (Glaubenssätze / Gedanken). Sobald man die Emotion oder das Angstgefühl unterdrückt, unterdrückt man Lebensenergie, daher die Müdigkeit, daher die Kopfschmerzen, daher die Angst, die aus dem Unterbewusstsein schreit. Ich habe herausgefunden, dass dieses spirituelle Verständnis von Angst einen positiven Einfluss auf jeden hat, der es gelernt hat. Es gibt dem Leben eine andere Richtung. Man kann daraus ableiten, dass die Frage »Wie werde ich die Angst los?« die falsche ist. Die richtige lautet: »Welcher Gedanke kreiert diese Empfindung?«

Es ist der schmutzige Filter, den Sie austauschen wollen, nicht die Energie, die dadurch fließt.

Um auf unser Examen in zwei Wochen zurückzukommen: Die Antwort könnte also sein: »Die Gedanken, die ich diesbezüglich habe, sind, dass ich nicht genug weiß.«

Also frage ich: »Und was passiert, wenn Sie nicht genug wissen?«

Sie sagen: »Ich falle durch.«

Und ich frage: »Was passiert, wenn Sie durchfallen?«

Sie sagen: »Meine Eltern werden mich als Versager ansehen und ich werde keinen Job bekommen.«

Diese Art der Befragung führt zu tiefer sitzenden Gedanken, bis wir den einen finden, der das Angstgefühl kreiert.

Ist dieser Angst produzierende Gedanke einmal entdeckt, muss er durch einen besseren Filter ersetzt werden. Dieser neue Gedanke muss nahe oder realistisch genug sein, um sofort fühlbar zu sein. Wenn wir ihn gegen »Meine Eltern werden glücklich sein, wenn ich durchfalle« ersetzen, mag das vielleicht eine kurze Zeit funktionieren und einen Lacher hervorbringen, aber ich bin mir nicht sicher, dass dieser Gedanke »kleben bleibt«.

Ein besserer Gedanke könnte sein: »Ich glaube daran, dass ich das Examen bestehen kann, wenn ich mit ein bisschen mehr Interesse und Engagement lerne. Und selbst wenn nicht, kann ich es wiederholen. Ich kann mein Bestes geben und dann sehen wir weiter. Entweder schaffe ich es oder nicht, ich habe genug Respekt vor mir selbst, um mich nicht um Dinge zu sorgen, die bisher noch gar nicht passiert sind. Und jetzt mache ich mich an die Arbeit.«

Haben Sie einmal einen Gedanken gefunden, der realistisch ist und sich richtig anfühlt, sagen Sie ihn ein paarmal in Gedanken auf und gewöhnen sich an ihn. Der Grund hierfür liegt darin, dass man später darauf zurückgreifen kann, falls man in den alten Gedanken zurückfällt. Mit ein wenig Übung hat man die Angst überwunden und fühlt sich völlig anders. Falls das Zurückfallen in alte Muster zu einfach geschieht, gibt es offenbar noch etwas zu tun. Lassen Sie dann den alten Gedanken noch ein paar Mal laufen oder fragen Sie sich, ob hinter dem bereits entdeckten noch ein weiterer Gedanke steckt. Dann kehrt man zum neuen Gedanken zurück. Mit der Zeit wird das Erkennen und Ersetzen von Angstgedanken zur zweiten Natur und geschieht innerhalb einer Minute. Diese Idee wurde mir vor etwa zwanzig Jahren bewusst und heute dauert es nur wenige Sekunden, um den alten Filter fallen zu lassen und mein Denken hin zu etwas zu formulieren, das sich besser anfühlt. Anstatt die Angst zu unterdrücken, kann ich damit umgehen und das Leben ist gut.

Ein schneller und intensiver alternativer Ansatz

Eine alternative, schnellere Herangehensweise, bei der es nicht zu einer Reihe von Denkwechsel-Sitzungen kommt, besteht einfach darin, sich dem zu stellen, mit dem zu konfrontieren und das durchzugehen, was man befürchtet. Es basiert auf dem Grundsatz: »**Mut ist nicht die Abwesenheit von Angst, er ist die Vorwärtsbewegung trotz Angst.**« Dadurch verschwindet die Angst natürlich ziemlich schnell. Um was auch immer Sie sich Sorgen machen, gehen Sie direkt darauf zu und nicht weg. Statt den Atem anzuhalten, atmen Sie ihn bewusst ein. Der Ausweg ist der

Weg hindurch. Wenn man sich nur vor Angst scheut, weil man sich die ganze Zeit wohlfühlen möchte, wird man niemals die Energie fühlen, die so viel stärker und besser ist als nur »sich wohlfühlen«. Sie werden sich fantastisch fühlen. Man bringt sich selbst in Situationen, vor denen man sich bisher gefürchtet hat, bis man sie mit Leichtigkeit handhaben kann. Keine Situationen, die das Überleben bedrohen, aber harmlose Sachen – so etwas wie eine Rede halten, einem Verwandten etwas eingestehen, jemandem den Hof machen, etc. Sie benutzen diese Methode einfach bei Ängsten, die Sie daran hindern, in vollem Umfang zu leben.

Haben Sie Angst zu versagen? Dann gehen Sie hinaus und versuche ein paarmal bewusst zu versagen. Umarmen Sie das Versagen. Versagen Sie! Es ist nicht so schlimm wie der Kopf denkt, dass es ist. Sie sind nicht Ihr Geist, Sie sind nicht der Körper, also sind es nicht wirklich SIE, der versagt. Jeder, der es zu wahrer Größe gebracht hat, musste hunderte von Malen versagen, bevor er es dahin geschafft hat. Es ist nicht das Versagen, das Ihr Leben bestimmt, es ist die Angst vor dem Versagen, die Starre, in die Sie fallen, wenn Sie nicht handeln wollen, weil Sie Angst vor dem Versagen haben. Menschen, die niemals versagen, sind im Normalfall auch Menschen, die niemals Erfolg haben.

Haben Sie Angst vor Ablehnung? Dann gehen Sie hinaus und versuchen, ein paarmal Ablehnung zu erfahren. Werden Sie so oft abgelehnt, dass es langweilig wird. Sie werden herausfinden, dass Sie nicht wirklich abgelehnt werden können, wenn Sie sich nicht als erstes selbst abgelehnt haben. Indem Sie sich selbst in die Position begeben, die Sie am meisten fürchten, dabei ausgeglichen und annehmend bleiben, überwinden Sie die Angst vor Ablehnung.

Haben Sie Angst vor einer bestimmten Person? Beginnen Sie ein Gespräch mit ihr. In neun von zehn Fällen werden Sie feststellen, dass Ihre Angst unbegründet war und dass Ihr Geist Ihnen nur vorgemacht hat, diese Person sei »besonders wichtig«. Wenn Sie sich diesem Menschen nähern, wird sie sich entweder als viel freundlicher als gedacht erweisen oder eben nicht so freundlich. Und falls sie nicht so freundlich ist: Wen interessiert es? Das ist nicht Ihr Problem, es ist ihres. Sie verlangen ja nicht, dass jeder freundlich ist oder mit Ihnen übereinstimmt, oder? Sie sind kein Kind mehr.

Haben Sie Angst, Ihr Vermögen zu verlieren? Dann lassen Sie sich eines gesagt sein: Einige der reichsten Selfmade-Millionäre haben ihr gesamtes Geld einige Male verloren. Das ist, was sic frei gemacht hat. Sie hatten keine Angst, alles zu verlieren, was der Grund ist, warum sie alles gewonnen haben. Haben Sie gewusst, dass überdurchschnittlich viele Selfmade-Millionäre nicht aus der Mittelschicht stammen, sondern aus den unteren Schichten der Gesellschaft? Wissen Sie, warum das so ist? Weil sie hungriger sind. Aber es ist auch deshalb so, weil sie, nachdem sie den Tiefpunkt erreicht haben, keine Angst mehr haben. Wenn Sie alles verloren haben, dann haben Sie alles zu gewinnen.

Haben Sie Angst, Ihren Ehepartner zu verlieren? Wenn es das ist, wovor Sie Angst haben, dann wird es auch passieren! Furcht neigt dazu, das anzuziehen, wovor man sich fürchtet. Also lassen Sie Ihre Angst gehen oder erlauben ihr, sich zu erfüllen. Sobald Sie authentisch diese Erlaubnis erteilt haben, werden Sie erleben, dass es nicht eintrifft.

Um das alles einfacher zu machen: Manchmal genügt es, sich vorzustellen, diese Dinge zu tun und sie vollständig anzunehmen, um die Angst zu überwinden.

Die Angst vor dem Tod loslassen

Hinter vielen sekundären Ängsten steckt die primäre Angst vor dem Tod. Überwinden Sie die Angst vor dem Tod und kleinere Ängste fallen automatisch weg. Die Technik der Angstbefragung geht so:

1. Vor was fürchtest du dich?
2. Und was, wenn das passiert?
3. Und was, wenn das eintritt (bezugnehmend auf die Antwort auf die letzte Frage)?
4. Etc.

Wenn man diese Technik bis zum Kern der Sache anwendet, landet man normalerweise bei Tod, Vergessenheit, Aussterben, ewiger Gefangenschaft oder einem anderen Unsinn. Diese Technik kann bis zu einem extremen Punkt fortgeführt werden, wo die Antworten irgendwie albern werden. Hier ist ein Beispiel (es ist aus einer originalen Coaching Aufzeichnung, die ich vor einigen Jahren mit einem Studenten angefertigt habe):

1. Wovor hast du Angst?
   »Die Arbeit zu verlieren.«
2. Und was, wenn das passiert?
   »Dann werde ich nicht in der Lage sein, die Miete zu bezahlen und für meine Familie zu sorgen.«
3. Und was, wenn das passiert?
   »Dann werden sie mich als Verlierer betrachten und wir werden unglücklich sein.«

4. Und was, wenn das passiert?
»Dann werde ich von meiner Familie getrennt sein und obdachlos werden.«
5. Und was, wenn das passiert?
»Dann werde ich an einem dunklen und einsamen Ort sein.«
6. Und was, wenn das passiert?
»Ich weiß es nicht.«
7. Denk darüber nach. Was dann?
»Dann werde ich verhungern oder erfrieren.«
8. Und was, wenn das passiert?
»Nichts, ich werde tot sein.«
9. Aber was könnte dann passieren? Angenommen, es gäbe ein Leben nach dem Tod.
»Dann werde ich für mein Scheitern bestraft werden.«
10. Was für eine Art Bestrafung?
»Vielleicht werde ich an einen dunklen Ort verbannt. Oder ich muss als Insekt reinkarnieren.«
11. Und was, wenn das passiert?
»Ich komme als Insekt zurück und werde zerquetscht.«
12. Und was, wenn das passiert?
»Ich werde wieder sterben.«
13. Und was, wenn das passiert? Spekuliere mal. Was ist das Schlimmste, was dann passieren kann?
»Ich komme in die Hölle.«
14. Und was, wenn das passiert?
»Ich werde in der Hölle gefoltert.«
15. Und was, wenn das passiert?
»Ich werde noch mehr gefoltert. Für immer!«
16. Und was, wenn das passiert?
»Ich werde so viel gefoltert, dass ich noch nicht mal mehr existiere.«

17. Und was, wenn das passiert?
    »Ich werde aufhören zu existieren.«
18. Und was, wenn das passiert?
    »Nichts.«

Zu dieser Zeit hatte der Student schon ein riesiges Grinsen auf dem Gesicht. Also fügte ich hinzu: »Also drehen sich deine ganzen Sorgen, den Job zu verlieren, um … NICHTS?«

Wenn man mit der Befragung immer weiter fortfährt, führt es fast immer zu Tod oder Vernichtung und danach … zu nichts. Dieser Prozess wird durchgeführt, bis sich die Person gut fühlt. Der Grund für dieses Wohlbefinden ist, dass sie alle Stadien durchlaufen hat, mit allem konfrontiert worden ist und nichts mehr zu verlieren hat. Man bekommt auch ein Gefühl für die Wahrheit des Daseins, das heißt: Man kann nicht ausgelöscht sein. Und selbst wenn man es könnte, wäre es egal, weil man es nicht wissen würden, da man ausgelöscht ist.

Vertrautheit reduziert Angst

Als ich das erste Mal mit einem Mädchen ausgegangen bin – ich war fünfzehn – war ich verängstigt. Ihr Aussehen, ihr Geruch, ihre Art zu reden und sich zu benehmen, hatten mich unser Treffen schon viele Tage davor wieder und wieder im Geiste durchgehen lassen. Oftmals ist die Erwartung beängstigender oder erfreulicher als das Ereignis selbst. Wie dem auch sei, abgesehen von dem Gedanken, dass ich Glück hatte, mit ihr ausgehen zu dürfen, fühlte ich mich schlecht. Das Treffen war unangenehm, weil ich ständig im Denkmodus war (Überdenken ist ein Versuch, die Angst zu vertuschen).

Um in der kurzen Zeit, die wir zusammen waren, einen »guten Eindruck« zu hinterlassen, unterdrückte ich die Angst bis zum Äußersten, nur um mich hinterher ausgelaugt zu fühlen. Der Wahn der Schüchternheit kommt von der falschen Vorstellung, dass die andere Person einen ständig beurteilt oder prüft. Dies wiederum ist verbunden mit zu viel Nachdenken darüber, wie einer dem anderen erscheint. Natürlich strahlte ich mein eigenes Unbehagen aus und sie fühlte sich auch unwohl, weshalb wir uns einig waren, »uns ein anderes Mal« zu treffen.

Wenn ich bedenke, wie unwohl ich sie habe fühlen lassen, kann ich mich glücklich schätzen, dass wir uns überhaupt noch einmal getroffen haben. Sicherlich gibt es keinen Mut, ohne vorher Furcht empfunden zu haben, also habe ich tief durchgeatmet und sie ein zweites Mal getroffen. Beim zweiten Mal gab es eine gewisse Vertrautheit und ich begann in der Tat, ihre eigenen Unzulänglichkeiten zu bemerken. Im Eifer des Gefechts hatte ich sie vorher gar nicht gesehen. Je mehr ich nun bemerkte, desto mehr stellte ich auch fest, dass ich gar nicht so ängstlich sein musste.

Als wir uns das dritte Mal trafen, begann ich, wirklich Spaß zu haben. Wir näherten uns an. Vertrautheit verringerte die Angst.

Man fängt an, Vertrautheit zu entwickeln bei den Dingen, auf die man für einige Zeit seine Aufmerksamkeit richtet. Mit der Vertrautheit nimmt die Furcht ab. Wir fingen an, uns miteinander wohlzufühlen und lachten das erste Mal *ehrlich und herzlich* miteinander. Und an diesem Punkt, als die Angst fast komplett verschwunden war, bemerkte ich … IHRE ANGST! Meine Angst ließ dann schnell nach und wurde zu Mitgefühl und Verständnis und ich hatte den Wunsch, *ihr* zu helfen, sich wohlzufühlen. Wie beschäftigt mit mir selbst muss ich beim ersten Treffen gewesen sein, um ihre Angst nicht bemerkt zu haben?

Ich erzähle diese Geschichte, damit Sie ein grundlegendes Verständnis dafür bekommen, wie man die Angst überwinden kann. Der Schlüssel ist Bewusstsein, Vertrautheit und Mut. Man hat nur Angst vor dem, was man nicht kennt oder was man nicht beherrschen kann. Daher ist das erste Treffen mit jemandem vielleicht etwas angespannt, aber je mehr Zeit man mit der Person verbringt, umso mehr beginnen sich die Dinge zu entspannen. Der Grund, warum Menschen gerne ein Glas Wein oder Bier miteinander trinken, besteht darin, den Prozess des allmählichen Nachlassens zu verkürzen. Dies kann aber auch durch absichtliches Lösen und Entspannen erreicht werden.

Die Überwindung der Angst vor dem Tod folgt dann demselben Prozess. Wenn man sich mit den Erzählungen der Menschen über Nahtod-Erlebnisse oder mit denen, die zum Beispiel friedlich verstorben sind, vertraut macht, entspannt man sich bei diesem Thema. Alle Phobien sind im Wesentlichen Todesangst. Untersucht man genau, wovor man eigentlich Angst hat, während man den Widerstand reduziert, wandelt sich die Angst in eine Art inneren Frieden.

Lampenfieber überwinden

Wenn Sie als Sänger, Künstler, Redner vor großem Publikum auftreten und Lampenfieber haben, können Sie dies überwinden, indem Sie Ihre Aufmerksamkeit nicht mehr zwischen

Vergangenheit und Zukunft aufteilen. Sich selbst damit zu befassen, ob Sie sich vorbereitet haben (Aufmerksamkeit auf die Vergangenheit), was das Publikum denken wird (Aufmerksamkeit auf die Zukunft) oder sich dem Scheitern widersetzen (Aufmerksamkeit auf Vergangenheit und Zukunft & Widerstand), wird mit Sicherheit unnatürliche Spannungen erzeugen. Wenn Ihr Lampenfieber groß ist, müssen Sie am Anfang einige zusätzliche Anstrengungen unternehmen, um Ihre Aufmerksamkeit auf Ihre gegenwärtige Umgebung zu richten.

Die ganze Idee des Lampenfiebers stammt vom inneren Kind, das die Zustimmung des Publikums sucht. Daher ist es am besten, Ihre Aufmerksamkeit nicht darauf zu richten, wie Sie aussehen oder was andere denken, sondern auf den Gesamtraum, in dem Sie sich befinden (die Räumlichkeiten), oder auf das Publikum oder auf Ihren bevorstehenden Auftritt. Egal, wohin Sie Ihre Aufmerksamkeit richten, Sie müssen sie bewusst dorthin verschieben und sich Mühe geben, um sie dort zu halten. Dabei teilt sich Ihre Aufmerksamkeit nicht mehr in mehrere Zweige und Energie und Ruhe bleiben erhalten. Gehen Sie in langsamen und bewussten Bewegungen auf die Bühne. Verbinden Sie Ihr Herz mit Ihrem Publikum. Bleiben Sie sich des Raums bewusst, in dem Sie sich befinden. Atmen Sie langsam und tief. Wiederholen Sie diese bewusste Haltung, bis Sie die Kontrolle über den Raum haben, in dem Sie sich befinden. Beschließen Sie vor jedem Betreten der Bühne die starke und unbeugsame Absicht, die Haltung zu bewahren. Das ist ein Ansatz.

Ein anderer Ansatz besteht darin, die Grundursache des Lampenfiebers zu bekämpfen, nämlich die kindliche Sucht nach Anerkennung und Angst vor Ablehnung. Um dasselbe zu transzendieren, würden Sie wie folgt meditieren:

a) Stellen Sie sich vor, Sie werden abgelehnt (verachtet).
b) Stellen Sie sich vor, Sie erhalten eine Zustimmung (Anerkennung).

Wechseln Sie mindestens ein Dutzend Mal zwischen diesen beiden Zuständen hin und her, bis Sie beide umarmen können, keine Anerkennung zu bekommen und volle Anerkennung zu bekommen, Lob und kein Lob zu bekommen, nicht geliebt zu werden und geliebt zu werden. Sobald Sie beide Seiten mit Gleichmut betrachten können, haben Sie die darin steckende Energie umgewandelt – und das ist etwas Großes, das nur wenige Menschen jemals erreichen. Sie können eine jahrelange Psychotherapie durchlaufen, die sich mit der Oberfläche befasst, aber Sie können es auch in ein paar speziellen Meditationssitzungen beheben.

Natürlich gibt es auch andere Methoden, um mit Lampenfieber umzugehen, wie zum Beispiel sich vorzustellen, dass der Raum, in dem man sich befindet, leer ist oder das Publikum nackt dasitzt, aber das sind temporäre Methoden, die nicht den Kern des Themas ansprechen. Sie werden im Notfall funktionieren, aber das Problem wird so lange wieder auftauchen, bis es überwunden ist. Normalerweise lässt das Lampenfieber mit der Übung nach. Nachdem ich mehr als tausend Workshops vor Gruppen gemacht habe, spüre ich keine Anspannung mehr, wenn ich dastehe. Auch ungewohnte und unerwartete Situationen stören mich nicht. Das ist der Wert von Wiederholung und Übung. Zuversichtlich bei dem, was Sie tun, wird Ihre Angst erheblich reduzieren. Wenn Sie alle drei Ideen anwenden, würden Sie daher den folgenden Vorgang wiederholen:

a) Verbessern Sie Ihre Fähigkeiten.
b) Seien Sie Okay mit Ablehnung und Zustimmung.
c) Werden Sie auf der Bühne völlig präsent, überlegt und zielgerichtet.

Wie man sich in sozialen Situationen wohlfühlt

Für diejenigen, die sich unter anderen, unter Freunden und Fremden, unter Vorgesetzten und Mitarbeitern unwohl fühlen, liegt der Schlüssel zu all dem in Ihrer Reaktionsfähigkeit. Wie reagieren Sie auf sie? Sie reagieren wahrscheinlich auf das, was andere Ihrer Meinung nach von Ihnen erwarten. Die Mischung aus Ihren eigenen Erwartungen und den Erwartungen, die Sie zu haben glauben, erzeugt Spannungen. Indem Sie anders sind, als Sie tatsächlich sind, fangen Sie an, sich schüchtern zu fühlen und einfach nur nach Hause zu gehen, wo Sie wieder »Sie selbst sein« können.

Wenn Sie sich das nächste Mal in einer sozialen Situation mit anderen oder in einem Geschäftstreffen befinden, werden Sie langsamer und präsenter. Machen Sie sich bewusst, was gerade passiert. Reduzieren Sie Ihre Reaktion. Richten Sie Ihre Aufmerksamkeit sanft auf andere aus, ohne Druck zu machen, etwas zu sagen oder zu tun. Also anstatt zu denken »Was soll ich jetzt sagen?« oder »Was soll ich tun, um zu zeigen, wie nett ich bin?« oder »Was denken andere über mich?« oder »Was halte ich von denen?« oder »Wo wäre ich lieber«, nehmen Sie die gegenwärtige Umgebung ohne Erwartung sanft wahr. Entspannen Sie sich. Aus Präsenz entsteht Leichtigkeit, wo Ihr Sprechen spontaner wird (nicht vordefiniert, vorbereitet, vorgeparst oder berechnet).

Tatsächlich können Dinge, die Sie in diesem Zustand sagen, ziemlich humorvoll und aufschlussreich sein. Wenn Sie jemand anspricht oder eine Frage stellt, haben Sie nicht das Gefühl, dass Sie sofort reagieren »müssen«. Atmen Sie durch, bevor Sie reagieren. Lassen Sie zwischen Ihren Worten etwas Stille. Stellen Sie Augenkontakt her, bevor Sie sprechen. Wenn Sie den gesamten Kommunikationsprozess verlangsamen, gewinnen Sie die Kontrolle über die gesamte Situation zurück. Ihre Kommunikation wird nachdenklicher und die Zuhörer aufmerksamer.

Hier ist ein Geheimnis: Wenn Sie selbst aktiv zuhören, werden Sie als »interessanter Mensch« rüberkommen, auch wenn Sie den ganzen Abend nichts sagen. Denken Sie beim Erscheinen in einer beruflichen Situation (Vorstellungsgespräch, Geschäftstreffen usw.) daran, dass Sie kein Bettler sind, sondern ein Dienstleister. Betrachten Sie sich selbst als jemanden, der wertvolle Dinge zu geben hat, anstatt als jemanden, dem es an Wert mangelt und danach sucht. Ihre Erfahrung mit sozialen Situationen wird eine bemerkenswerte Veränderung erfahren, wenn Sie zuerst die Reaktionsfähigkeit reduzieren, dann das Bewusstsein für den gegenwärtigen Moment erhöhen, Pausen in Ihrem Sprechen machen (was die Aufmerksamkeit der Zuhörer auf sich zieht) und aktives Zuhören üben. Wenn Sie bisher sozial unfähig waren, können Sie das alles innerhalb weniger Trainingsrunden fallen lassen.

Weniger Selbstgefälligkeit, mehr Selbstbewusstsein

Ihr Selbstbewusstsein steigt mit einer Verringerung Ihrer Selbstgefälligkeit. Was auf den ersten Blick wie eine paradoxe Aussage erscheinen mag, ergibt mehr Sinn, wenn man den sogenannten »Spotlight-Effekt« versteht.

Um aus der Enzyklopädie zu zitieren: *»Der Spotlight-Effekt ist eine verbreitete Form sozialer Angst, die dazu führt, dass Menschen dazu neigen, das Ausmaß zu überschätzen, in dem andere in ihrer Umgebung Aspekte des eigenen Aussehens oder Verhaltens bemerken und inwieweit sie sich dessen bewusst sind. Der Spotlight-Effekt kann zu Paranoia und Selbstzweifeln führen. Dies lässt die Menschen auch glauben, dass sie aufgrund ihres Versagens hart beurteilt werden. Insgesamt erklärt der Spotlight-Effekt, wie Menschen die Aufmerksamkeit, die auf sie gerichtet ist, überschätzen. Die Bedeutung des Spotlight-Effekts besteht darin, dass die Leute verstehen können, dass andere um sie herum selbst in peinlichen Momenten ihre Handlungen nicht so hart beurteilen, wie sie denken. Irgendwann, wenn die Leute anfangen, das Konzept dieses Phänomens zu verstehen, fühlen sie sich wohler mit sich selbst, wenn sie von Menschen umgeben in ungute Situationen geraten.«*

Mit anderen Worten, Sie sind für andere einfach nicht so wichtig. Die sind meistens mit sich selbst beschäftigt, nicht mit Ihnen. Wenn Sie glauben, dass die Leute Sie die ganze Zeit betrachten und verurteilen, werden Sie sich unsicher fühlen. Zu verstehen, dass Menschen auch eine kurze Gedächtnisspanne haben, bedeutet, dass sie sich wahrscheinlich auch nicht an kleine »Fehler« erinnern werden, die Sie machen. Ich coache seit zwanzig Jahren Menschen in öffentlichen Reden und Präsentationen, und denen dieses Grundprinzip zu vermitteln, hat viel dazu beigetragen, Unsicherheitsgefühle zu lindern.

»Angenommen, es schert sich niemand darum, niemand bemerkt es und niemand erinnert sich?«, frage ich in Coaching-Sessions.

»Dann wäre ich frei!«, antworten die Gefragten.

Der wesentliche Trick besteht darin, die Aufmerksamkeit umzukehren. Anstatt zu fragen »Wie sehe ich aus?« und »Was halten die Personen von mir?« und »Wie kann ich einen guten Eindruck machen?«, frage ich: »Wie sehen die Personen aus? Was halte ich von ihnen? Machen sie einen guten Eindruck?«

Das lindert jede Art von Schüchternheit sofort, da nicht ich im Mittelpunkt stehe. In schwierigen Verhandlungen, Vorstellungsgesprächen und geschäftlichen Situationen wird dieses Prinzip angewendet, indem den anderen Fragen gestellt werden und sie das Reden lassen. Sie werden feststellen, dass hohe Selbstgefälligkeit und Arroganz mit Verlegenheit und Schüchternheit einhergehen. Jemand, der in einer Situation sehr arrogant ist, kann also plötzlich sehr verlegen werden, wenn er jemandem begegnet, den er für »über sich selber« hält. Die starke Polarisierung in »oben und unten«, die Übertreibung des Rang- und Statusgedankens ist die Ursache für diese Schüchternheit. Der Mensch vergleicht sich ständig mit anderen, ob er »höher« oder »niedriger« ist. Wenn er einem vermeintlich »Niederen« begegnet, ist er arrogant, bei einem »Höheren« ist er schüchtern. Wenn Sie aus dem Herzen leben, verschwinden solche albernen Überlegungen. Das soll nicht heißen, dass Status und Ränge nicht existieren, aber sie sind keine Sorge oder Angst mehr. Wenn Sie sich bei sich selbst wohl fühlen, dann fühlen Sie sich auch bei jedem anderen wohl – den Reichen, Armen, Klugen, Guten, Bösen, Hässlichen, Starken, Albernen, Schwachen, Hübschen, Verrückten, kleinen Menschenmengen, großen Menschenmengen, Frauen, Männern, Kindern, alten Leuten, Eltern, Chefs, Angestellten, wer auch immer. Abgesehen davon, wenn jemand eine extrem negative Aura hat, es ist im Allgemeinen ziemlich einfach, sich in fast jedem sozialen Umfeld wohlzufühlen, wenn man aufhört zu projizieren.

04: KOMMUNIKATIVE SPITZENLEISTUNG

Dieses Kapitel enthält einfache Hinweise, wie Sie Ihre Kommunikation weiter verfeinern können.

Menschen, die Sie mögen und nicht mögen

Auf einem separaten Blatt Papier listen Sie einige Menschen auf, die Sie nicht mögen, zusammen mit den Eigenschaften, die Sie an der Person nicht mögen. Überprüfen Sie danach, ob Sie manchmal ähnliche Eigenschaften haben. Wenn ja, schreiben Sie diese Eigenschaft auf. Wenn nicht, schreiben Sie nichts. Wenn Sie beispielsweise das Merkmal »stur« an jemandem nicht mögen und Sie selbst manchmal ziemlich stur sind, steht in beiden Spalten (»Eigenschaften, die ich nicht mag« und »Meine Ähnlichkeiten«) das Wort »stur«. Einige der Eigenschaften, die Sie nicht mögen, sind Projektionen dessen, was Sie an sich selbst nicht mögen.

Schreiben Sie danach etwas auf, das Sie an jeder dieser Personen respektieren. Auch wenn es schwierig ist, versuchen Sie, etwas zu finden. Wenn Sie allen Respekt entgegenbringen, halten Sie Ihre Freunde in der Nähe und Ihre Feinde in Schach. Was Sie in die Welt ausstrahlen, ist das, was Sie letztendlich zurückbekommen.

Schreiben Sie schließlich auf, was Ihre Absichten in Bezug auf Ihre zukünftige Kommunikation mit den Menschen sind.

Beispiele für Absichten:
- ❖ Ich möchte, dass die Menschen mir genauer zuhören.
- ❖ Ich hätte gerne mehr Ehrlichkeit zwischen uns.
- ❖ Ich würde es vorziehen, neutral zu ihnen zu sein.
- ❖ Ich würde eine freundschaftliche Beziehung zu ihnen bevorzugen.
- ❖ Ich möchte, dass sie an dem Projekt teilnehmen.

Definieren Sie einfach, was Sie bevorzugen. Wenn Sie immer wieder definieren, was Sie nicht wollen und nicht mögen, werden Sie immer wieder Dinge bekommen, die Sie nicht wollen und nicht mögen. Wenn Sie überhaupt nichts definieren, bleibt das, was Sie erhalten, zufällig. Machen Sie es sich also zu einer offiziellen Übung, Ihre tatsächlichen Absichten in Bezug auf eine Sache zu formulieren. Sie erhalten möglicherweise nicht immer das, was Sie beabsichtigen, aber Sie erhöhen die Wahrscheinlichkeit, dass dies geschieht, wenn Sie das ändern, wonach Sie suchen.

Auf Ihrem Blatt Papier würde Ihre Tabelle also Folgendes enthalten:
- ❖ Leute, die ich nicht mag.
- ❖ Deren Eigenschaften mag ich nicht.
- ❖ Ähnliche Eigenschaften habe ich.
- ❖ Was ich an diesen Leuten respektiere.
- ❖ Meine Absichten bezüglich meiner Kommunikation mit ihnen.

Nachdem Sie fertig sind, listen Sie auf einem separaten Blatt Papier Leute auf, die Sie mögen, die Eigenschaften, die Sie an denen mögen, Ihre Ähnlichkeiten und schließlich Ihre Absichten in Bezug auf die Kommunikation mit den Personen. Gehen Sie nicht davon aus, dass es immer einfacher ist, mit Menschen zu kommunizieren, die Sie mögen – manchmal ist es schwieriger, weil der Interaktion die Neutralität fehlt oder Sie zu denen aufschauen. Sowohl zu viel »nach unten schauen« als auch zu viel »nach oben schauen« kann den freien Kommunikationsfluss behindern. Fügen Sie also Absichten hinzu, die Ihre Erfahrung mit den Personen verbessern würden.

Auf diesem Blatt Papier wären dann diese Aufzählungspunkte:

- ❖ Menschen die ich mag.
- ❖ Eigenschaften, die ich an ihnen mag.
- ❖ Meine Ähnlichkeiten.
- ❖ Meine Absichten bezüglich der Kommunikation mit ihnen.

Nachdem Sie alles abgeschlossen haben: Was schließen Sie aus dieser Übung? Haben Sie einen Zustands- oder Einstellungswandel erlebt? Fühlen Sie sich leichter? Gab es eine neue Erkenntnis? Bitte schreiben Sie auf, was Ihrer Meinung nach in den kommenden Tagen noch etwas geübt werden muss, um diese Lektion in den Alltag zu integrieren.

Kommunikationsstörungen

Die Störer guten Kommunikationsflusses sind:

- ❖ Umwelt (wie laute Musik oder das Geräusch von Bohrmaschinen)

- Physiologisch (wie Taubheit oder Blindheit)
- Semantik (z. B. eine andere Interpretation der Bedeutung eines Wortes)
- Syntaktisch (Fehler in Grammatik, Verben, Zeitformen)
- Organisatorisch (schlechte Gedankenstruktur, Unklarheit, Verwirrung)
- Kulturell (aus Unkenntnis anderer Bräuche, Werte und Überzeugungen)
- Psychologisch (ungelöste emotionale Probleme und Projektionen kommen ins Spiel)

Semantische, organisatorische und psychologische Probleme bleiben oft unbemerkt und verursachen mehr Kommunikationsprobleme als Umwelt- oder physiologische Probleme, die leicht erkannt und daher leicht geändert werden können.

Die Übung für Sie besteht darin, Beispiele aufzuschreiben, in denen diese Störer in Ihrem eigenen Leben oder bei Menschen, die Sie kennen, ins Spiel kamen. Je mehr Beispiele Ihnen bekannt werden, desto wahrscheinlicher ist es, dass Sie sie im täglichen Leben bemerken und durch Wiedererkennen vermeiden können.

Anerkennung

Menschen brauchen Zustimmung und Anerkennung. Zu viel Anerkennung erscheint seltsam, aber der häufigste Fehler ist, zu wenig Anerkennung zu geben. Es ist wichtig, anzuerkennen, was jemand gesagt hat, oder anzuerkennen, dass Sie verstehen, was jemand gesagt hat. Anerkennung ist das Schmiermittel, das die

Kommunikation am Fließen hält. Es bedeutet nicht immer, dass Sie zustimmen, aber es bedeutet, dass Sie die Nachricht erhalten oder verstanden haben, was gesagt wurde. Menschen, die vergessen, Anerkennung zu geben, werden oft als egozentrisch, unhöflich, bedürftig oder gedankenverloren wahrgenommen.

Beispiele für die Anerkennung:

- ein Nicken
- eine Paraphrase
- Jawohl
- Okay
- in Ordnung
- Aha
- Ich habe die Nachricht erhalten
- Danke für die Nachricht

Übung:

Um dies in Erinnerung zu behalten, nehmen Sie sich ein oder zwei Tage Zeit, in denen Sie allen auf Ihrem Weg übertrieben zunicken, zustimmen, »Ja« und »Okay« geben. Eine gewährte Anerkennung wird die Art und Weise verbessern, wie andere Sie wahrnehmen.

Kommunikationsfluss

Eine Möglichkeit, Ihren Kommunikationsfluss mit jemandem zu verbessern, besteht darin, Dinge zu finden, in denen Sie und der andere sich einig sind. Dies wird schnell »Vibes« erhöhen, die Sie miteinander haben. Verkäufer missbrauchen dies, indem sie vorgeben, die Dinge oder Gelegenheiten genauso zu sehen wie jene, an die sie verkaufen möchten. Wenn sie nicht gar Ängste schüren, die man ohne den Verkäufer nie gehabt hätte. Aber die Leute sind schlau und ich empfehle Ihnen, Dinge zu finden, bei denen Sie tatsächlich mit den anderen übereinstimmen (wenn Sie Ihre Kommunikation mit denen verbessern möchten).

Eine andere Möglichkeit, Ihren Kommunikationsfluss zu verbessern, ist die Wertschätzung. Sie könnten zum Beispiel Dinge herausfinden, die Ihnen an der Person gefallen. Dies wird Ihre Einstellung ändern und letztendlich Ihre positive »Ausstrahlung« mit dem anderen erhöhen.

Natürlich kann ein häufigeres Gespräch mit Ihnen Ihre Beziehung stärken, aber es ist immer viel einfacher, wenn Wertschätzung und Zustimmung hinzugefügt werden. Wenn Sie mit zu vielen Menschen nicht einverstanden sind oder zu viele Menschen nicht mögen, werden Sie sich im Allgemeinen niedriger und schwächer im Leben fühlen. Die Lösung besteht darin, entweder Ihre Abneigung gegen Menschen zu reduzieren, die Sie nicht mögen, oder mehr Menschen zu finden, mit denen Sie gerne Zeit verbringen. Lieben Sie diese Person oder lassen Sie diese links liegen.

Zustimmung und Ablehnung

Dies ist eine geführte Meditation, bei der Sie am besten jemand anderen sprechen lassen, während Sie mental und emotional durch den Prozess gehen. Alternativ können Sie es auch selbst vorlesen.

- ❖ Von wem wollten Sie die Zustimmung?
- ❖ Könnten Sie das Bedürfnis nach Zustimmung von dieser Person verringern?
- ❖ Stellen Sie sich vor, Sie hätten die Zustimmung dieser Person.
- ❖ Entspannen Sie sich
- ❖ Wer wollte Ihre Zustimmung?
- ❖ Könnten Sie den Widerwillen, Zustimmung zu geben, ein wenig verringern?
- ❖ Stellen Sie sich vor, Sie geben Ihre Zustimmung.
- ❖ Entspannen Sie sich.

Wiederholen Sie dies Dutzende Male mit derselben Person oder anderen Personen, bis die Notwendigkeit der Zustimmung nachlässt und der Widerstand dagegen, Anerkennung zu geben, nachlässt.

Körperliche Bewegung

Kommunikation ist auch körperliche Bewegung. Haben Sie jemals einen Ellbogen bewegt, nur damit die anderen auch ihren bewegen? Wenn sie sich auch bewegen, ist dies ein Indikator dafür, dass ihre Aufmerksamkeit bei Ihnen ist. Wenn in einer

Gruppe jemand mit dem Fuß auf Sie gerichtet ist, ist dies oft ein Zeichen dafür, dass seine Aufmerksamkeit auf Sie gerichtet ist. Gesten und Mimik haben die Kraft, Ihre Worte zu unterstreichen und zu betonen oder Zustimmung und Ablehnung richtig auszudrücken.

Eine interessante Übung, die ich in Kommunikationskursen verwendet habe, besteht darin, Videos mit abgeschaltetem Ton anzusehen, in denen Leuten verhandeln. Im Anschluss frage ich: Wer hatte das Kommando? Sie müssen die Worte nicht hören, es reicht aus, das körperliche Verhalten zu sehen.

Eine andere Übung, die ich oft anwende, besteht darin, dass Menschen kommunizieren, ohne zu sprechen, bis der andere versteht, was kommuniziert wird. Eine Erweiterung davon besteht darin, zu üben, das Kommando zu übernehmen, ohne zu sprechen – durch bloße Haltung und Präsenz.

Die große Lektion hier ist, dass Sie nicht sprechen müssen, um eine Situation zu beherrschen. Ein paar gute Beispiele dafür sind Al Pacino in »Der Pate« oder Clint Eastwood in den Westernfilmen der 1970er Jahre. Sie hatten nicht viel zu sagen und doch – sie beherrschten sich selbst und damit die Situation.

Haltung und Position

Es gibt Haltungen, die Ihnen das Kommando geben, und Posen, die anderen das Kommando geben, je nach Ihrer Absicht. Das Liegen auf einem Sofa ist eine entspannte Haltung; der aufrechte Stand mit gespreizten Beinen und fest im Boden verwurzelt ist eine dominierende Haltung. Wenn Sie Ihre Haltung ändern, ändert sich immer die Rolle innerhalb einer Interaktion.

Die Entfernung, in der Sie zu jemandem stehen, von wo aus Sie kommunizieren, aus welchem Winkel oder Standort – all dies hat auch einen Einfluss. Diese Parameter können auch geändert werden, je nachdem, was Sie erreichen möchten.

Wenn Sie zum Beispiel mehr Autorität über eine Gruppe haben wollen, sitzen Sie nie mit denen im Kreis, sondern mit Ihnen selbst vorne und vielleicht sogar höher oder hinter einem Podest. Wenn Sie andererseits Freunde sind und sich ihnen nahe fühlen möchten, setzen Sie sich in einen Kreis.

Oder wenn Sie ein wichtiges Geschäft abschließen möchten, ist es besser, dies persönlich zu tun als per E-Mail.

Ein Hinweis zur Berührung: Ein Händedruck, ein Klatschen auf die Schultern, ein »zufälliges« Reiben der Hände – all dies sind Formen der Kommunikation, ebenso wie das Fehlen von Berührungen.

Auch die Art und Weise, wie Sie Gegenstände berühren, sagt mehr über Sie aus, als Ihnen vielleicht bewusst ist. Wenn Sie sich zum Beispiel in einer Flirt-Situation oder einem Date mit jemandem befinden, kann die Art und Weise, wie Sie mit dessen Mantel oder dessen Autotür umgehen, als Hinweis darauf gewertet werden, wie Sie mit der Person umgehen werden.

Schau und höre

Es macht einen Unterschied, ob Sie Ihren Partner direkt ansehen, in seine Augen, in sein Gesicht, zwischen seine Augenbrauen, zu seinen Seiten oder weg und woanders hin. Je nachdem, was Sie beabsichtigen, können Sie die gesamte Bedeutung der Mitteilung mit dem Blickwinkel ändern. Die Leute können auch spüren, ob Sie zuhören oder nicht.

Aktives Zuhören bedeutet, dass Sie voll da sind, ohne selbst sprechen zu müssen. Aktives Zuhören bedeutet auch, dass Sie über das Gesagte nachdenken.

Passives Zuhören bedeutet, die Töne zu hören, aber nicht wirklich alles zu verarbeiten, was gesagt wird. Bei Menschen, gegen die wir eine Abneigung haben, hören wir passiv zu; bei Menschen, die wir mögen oder die etwas Interessantes zu sagen haben, hören wir aktiv zu. Ich empfehle Ihnen, zu versuchen, zu verstehen, bevor Sie verstanden werden wollen.

Kommunikation ist nicht nur das, was Sie sagen, sondern auch das, was Sie nicht sagen, vorenthalten oder woran Sie scheitern zu sagen.

Wenn Sie zum Beispiel die Macht behalten wollen, sollten Sie weniger sprechen, weniger plappern, weniger rechtfertigen, weniger reagieren. Wenn Sie nicht möchten, dass eine Situation außer Kontrolle gerät, speichern Sie Ihre Meinungsverschiedenheit für einen späteren Zeitpunkt, wenn es Ihnen besser geht. Solche kleinen Meisterleistungen der Selbstbeherrschung können einen großen Beitrag zum Erfolg an verschiedenen Orten leisten. Wenn es notwendig ist, kommunizieren Sie. Wenn es keinen Input braucht, schweigen Sie. Füllen Sie die Lücken nicht mit Geplapper. Sprechen Sie Probleme an, wenn es in den Rahmen passt. Ihr Motto sollte lauten: »Kommunizieren Sie im Zweifelsfall oder in Schwierigkeiten!« Die Hälfte aller Unternehmensprobleme ist auf mangelnde Kommunikation und Klarheit zurückzuführen.

Realitätsrahmen

Seien Sie respektvoll gegenüber den Grenzen und dem Realitätsrahmen[2] anderer. Frieden und Harmonie sind ebenso von Vorteil wie Wahrheit und Offenheit. Manchmal ist es klüger, Kommentare aus Gründen des Friedens zurückzuhalten, als Turbulenzen zu erzeugen, wo keine notwendig sind. Viele Menschen sind nicht reif genug, um die Wahrheit jederzeit und in allen Situationen zu akzeptieren. Bei der sozialen Sensibilität geht es auch um das Timing, in dem bestimmte Wahrheiten geteilt werden. Es ist nicht notwendig, während einer Beerdigung »Tacheles über die angeschlagene Firma zu reden«. In diesem Fall sollten Frieden und Harmonie der Wahrheit vorgezogen werden.

Ebenso ist es nicht notwendig, »nett und ruhig« zu sein, während Millionen durch Missmanagement verloren gehen. In diesem Fall sollten Wahrheit und Offenheit Frieden und Harmonie vorgezogen werden.

Soziale Sensibilität bedeutet, sich respektvoll genug zu verhalten, um den richtigen Zeitpunkt und die richtige Situation für verschiedene Kommunikationen zu wählen. Wenn Ihr Mitarbeiter sich krankmeldet und Sie den Auftrag haben, ihn anzurufen, klingeln Sie nicht um Mitternacht durch. Wenn Sie Ihren Ehepartner kritisieren müssen, warten Sie auf den richtigen Moment. Machen Sie es nicht, während er verletzt ist oder Ihnen bei etwas hilft.

---

[2] Der Begriff des Relativitätsrahmen, auf Englisch »Reality Frame«, wurde durch Brian Clegg und sein Buch »The Reality Frame: Relativity and our place in the universe« geprägt.

Um die Realitätsrahmen ein wenig zu erkunden:

- Schreiben Sie etwas auf, was Sie für wahr halten und andere auch für wahr halten.
- Schreiben Sie etwas auf, von dem Sie denken, dass es wahr ist und andere denken, dass es nicht wahr ist.
- Schreiben Sie etwas auf, von dem Sie denken, dass es nicht wahr ist und andere denken, dass es wahr ist.
- Schreiben Sie etwas auf, von dem Sie denken, dass es nicht wahr ist und andere auch denken, dass es nicht wahr ist.

Welche Schlüsse ziehen Sie daraus?

- Etwas, das für alle gilt, wird Fakten oder absolute Wahrheit genannt.
- Etwas, das nur für einige wahr ist, wird Meinungen oder relative Wahrheit genannt.

Die Verwechslung der beiden ist die Ursache vieler Probleme. In Bezug auf Fakten empfehle ich null Toleranz gegenüber Abweichungen und in Bezug auf Meinungen volle Toleranz gegenüber Abweichungen von Ihrer Meinung. Aber lernen Sie zuerst, die beiden zu unterscheiden.

Mehr zur nonverbalen Kommunikation

Ein altes chinesisches Sprichwort sagt: »Wenn du deinen Willen durchsetzen willst, sprich leise.«

Das bedeutet, dass Meinungsverschiedenheiten auf angenehme Weise ausgedrückt werden können und dass die anderen Ihre

Entscheidung so eher respektieren, als würden Sie versuchen, Ihren Standpunkt mit Wut zu nähren. Stimmung und Absicht sind die Trägerwellen der Worte. Sie bekommen zurück, was Sie ausgegeben haben.

Wenn Sie also freundliche Worte sagen, aber eine schlechte Stimmung haben, wird die schlechte Stimmung zurückkommen. Und wenn Sie »nein« sagen, aber mit positiver Stimmung, wird positive Stimmung zurückkommen.

»Nein« zu sagen ist kein Problem. Sie können »Menschen gehen lassen«, wenn Sie gute Energie ausstrahlen. Was Sie sagen, sind nur 25 % der übermittelten Informationen. Wie Sie etwas sagen, sind die anderen 75 %. Wer ist die Person, die es sagt? Was ist seine Absicht? Kontext ist wichtiger als Inhalt.

Was wäre, wenn Sie die Gedanken aller lesen könnten? Möchten Sie es wirklich? Ich glaube, Sie können Gedanken lesen, haben aber die Fähigkeit aus zwei Gründen unterdrückt: Erstens fühlten Sie sich überwältigt von all dem neurotischen Denken, das um Sie herum passierte, zweitens wollten Sie sich nicht öffnen, weil dies bedeuten würde, dass andere Ihre Gedanken auch lesen könnten.

Sie sitzen dann am Tisch und spüren, wie die Leute denken:

»Er ist dumm.«

»Wie sehe ich aus?«

»Warum schaut er sie an?«

»Wird er mich mögen?«

»Was hält er von mir?«

»Was für ein Arschloch.«

»Wann werde ich befördert?«

»Verschwende ich meine Zeit?«

»Das sind nette Leute.«

»Wer bin ich?«

»Bemerken sie es?«
»Ich muss das Richtige sagen.«
»Ich wünschte, ich könnte ihn haben.«
»Ich bin der Beste.«
»Ich bin besser als sie.«
»Das sollte interessant sein.«

Die meiste Kommunikation ist nonverbal. Das ist Fakt. Was viele noch nicht herausgefunden haben, aber in Zukunft werden, ist, dass nichts von dieser nonverbalen Kommunikation tatsächlich verborgen ist. Selbst wenn Sie es verdrängen, können Sie es dennoch auf einer unterbewussten Ebene spüren oder durch Körpersprache, Augenkommunikation, Geruch, Haltung und Einstellung sehen. Wir können nicht verbergen, wer wir sind und was wir denken, weil sich unsere Gedanken in Handlungen umsetzen. Unsere Handlungen und Feinheiten wie Gesten offenbaren unsere Gedanken.

Hier ist etwas, das Ihnen zunächst unangenehm erscheinen mag, aber wenn es einmal einwirkt, sehr befreiend sein wird:

Die anderen wissen alles über Sie!

Wenn Sie dachten, Sie würden Ihre Sorge um Ihr Gewicht, Ihre finanzielle Situation, Ihre Sehnsucht nach einer bestimmten Person, Ihre Langeweile oder was Sie sonst noch zu verbergen glaubten, verbergen: Das können Sie nicht! Und Sie wissen das.

Manche wissen es bewusst, manche wissen es unbewusst. Wenn Sie beispielsweise Ihren Ehepartner betrogen haben, senden die Schuldgefühle eine Energieschwingung, welche sofort als »Intuition« oder »Ahnung« empfangen wird. Sie werden es entweder in unterbewusste Schichten Ihres Bewusstseins verdrängen oder Sie werden den Partner damit konfrontieren.

Wenn Sie einen Vortrag halten und den Gedanken ausstrahlen, »das könnten die Leute langweilen« ... raten Sie mal, was passieren wird? Die Schwingung wird Ihre Stimme beeinflussen und Sie werden Langeweile im ganzen Raum ausstrahlen und die Leute werden sich tatsächlich langweilen!

Das meiste, was Sie kommunizieren, übertragen Sie, ohne jemals etwas zu sagen. Durch das, wer Sie sind und was Sie tun, kommunizieren Sie. Durch Ihre Augen, Ihren Körper und Ihre Stimmungen kommunizieren Sie. Was kommunizieren Sie? Ihre wahren Absichten. Und JEDER kann sie sehen, bewusst oder unbewusst. Und wenn Sie aufpassen, können Sie auch Ihre eigenen unbewussten Absichten sehen.

Nehmen wir an, Sie hatten ein Meeting, um einen Deal auszuhandeln, und es ist fehlgeschlagen. Untersuchen Sie Ihre Gedanken zu dem Thema und der Person, mit der Sie sich getroffen haben. Wenn Sie insgeheim dachten: »Was für ein Mistkerl der ist«, ist es keine Überraschung, dass Sie gescheitert sind. Unsere nonverbale Kommunikation ist eine Quelle unbewusster Selbstsabotage, weil wir nicht erkennen, dass Menschen unsere Gedanken lesen können. Ein Gedanke ist vielleicht nicht so intensiv wie Ihre Worte, aber er wird immer noch vom anderen aufgegriffen. Es gibt mehrere Möglichkeiten, dieses Problem anzugehen. Einer von ihnen ist, sich einfach des ständig plappernden Verstandes bewusst zu werden und wie er Menschen zeichnet. Lesen Sie in den Gesichtern.

Zum Beispiel: Was denken Sie über Ihren Nachbarn? Machen Sie sich eine Notiz.

»Wirklich süßer Mensch.«

»Ich möchte ihn meiden.«
»Seine langen Gespräche sind ermüdend.«
»Er fühlt sich zu mir hingezogen.«
»Ich fühle mich zu ihm hingezogen.«
Neutral (keine Meinung)

Die erste Notiz der Liste ist eine freundliche Einstufung, die den Nachbarn zum Lächeln bringt, wenn er Ihnen begegnet. Wie viele Menschen lächeln, wenn Sie sie sehen? Das ist ein Indikator dafür, welcher Art Ihre Innenkommunikation ist. Die Gedankenwelle »Ich will ihn meiden« wird von ihm nicht nur gespürt, sondern sorgt dafür, dass man ihm öfter begegnet. Wenn Sie also das Gefühl haben, jemanden dieses Etikett verpasst zu haben, atmen Sie es ein und richten Sie Ihre Aufmerksamkeit wieder auf den Moment, bevor Sie diese Einstufung erstellt haben. Oder anders ausgedrückt: Ziehen Sie sich einfach von diesem Schubladen-Denken zurück oder erlauben Sie sich, den Nachbarn ohne es zu sehen.

Wenn Sie möchten, denken Sie: »Er ist ein lustiger Mensch«. Sehen Sie, welche Art von Interaktion diese Gedankenwelle erzeugt. Gleiches gilt für »seine langen Gespräche sind ermüdend«. Ob »Er fühlt sich zu mir hingezogen« hilfreich ist oder nicht, hängt davon ab, was Sie erreichen möchten. Wenn man ihm tatsächlich näherkommen möchte, dann ist »Er fühlt sich zu mir hingezogen« viel hilfreicher als »Ich fühle mich zu ihm hingezogen«.

Verstehen Sie das? Ich habe Ihnen gerade ein Geheimnis für das Flirten verraten.

Schließlich, wenn Sie sich in einem Zustand ohne Meinung befinden, nehmen Sie die Realität wahr und werden höchstwahrscheinlich Ihren wahren Zustand erkennen. Wenn Sie sich im neutralen Modus befinden, sind Ihre telepathischen und empathischen Fähigkeiten am höchsten. Weil Sie sich nicht mit all dem »Zeug« beschäftigen, das normalerweise im Kopf vor sich geht. Nehmen Sie dies nicht als Einladung, Ihre Gedanken bei jedem Schritt zu kontrollieren. Das geht nicht und das macht keinen Spaß. Nehmen Sie es stattdessen als Einladung, sich Ihrer bewussten, halbbewussten und unbewussten Einstufungen bewusster zu werden und wie diese Ihre Interaktion mit anderen beeinflussen.

Interesse

Wenn Sie sich für andere interessieren, scheinen Sie interessant zu sein. Leute wie Sie, mögen Sie. Interessieren Sie sich nicht nur für die anderen, sondern auch für deren persönlichen Interessengebiete.

Beispiel: Wenn Sie den Kommunikationsfluss mit Kunden verbessern möchten, ist es möglicherweise auch ratsam, deren besonderen Interessen aufzulisten, wenn Sie deren Namen in einem Adressbuch eintragen, um daran zu denken, sie ins Gespräch zu bringen.

Wenn Sie anderen helfen können, sich im Leben besser zu fühlen, haben Sie sich in Sachen Kommunikation übertroffen. Normalerweise verblasst die Exklusivität, sobald wir jemanden kennengelernt haben, und wir beginnen, Menschen als selbstverständlich zu betrachten. Wenn Sie sich bemühen können, Menschen dennoch besonders zu behandeln, steigt Ihr Kommunikationsfluss mit der Welt in die Höhe. Lassen Sie alle vergangenen Erinnerungen an die Person los und behandeln Sie diese gut, indem Sie sie mit frischen Hier-und-Jetzt-Augen betrachten.

Machen Sie andere ein wenig wichtiger, während Sie sich Ihrer eigenen Unbedeutendheit bewusst sind.

All dies setzt natürlich voraus, dass Sie die Energie haben zu geben. Wenn Ihnen Energie fehlt, werden Ihre Interaktionen mit anderen disharmonisch sein. Daher ist es wichtig, sich regelmäßig in den eigenen Raum zurückzuziehen, um Energie zu tanken, bevor man sich auf den Weg in die Welt macht.

Wenn Sie etwas verkaufen (und die meisten Menschen verkaufen entweder ein Produkt, eine Dienstleistung oder sich selbst), muss Ihre Mitteilung auch den Wertnachweis dessen, was Sie verkaufen, enthalten. Machen Sie es real, indem Sie seine Verwendung demonstrieren und so viele Gründe auflisten, warum Ihr Produkt, Ihre Dienstleistung oder Ihr Standpunkt etwas wert ist.

Transformationale Kommunikation bedeutet zu sagen, was andere nicht sagen können. Viele Probleme hätten durch einfache Kommunikation vermieden werden können. Ich habe kürzlich jemanden gecoacht, der von all seinen Jobs entlassen wurde, und wir fanden heraus, dass der Hauptgrund für seine Entlassung mangelnde Kommunikation war. Er sah Probleme, hatte aber nicht den Mut, aufzustehen und darauf hinzuweisen. Somit trug er nicht zur Verbesserung der Unternehmen bei, für die er arbeitete. Die natürliche Folge war, dass er gefeuert wurde.

Mut und Kommunikation sind die wichtigsten Faktoren für Wohlstand. Statistische Untersuchungen zeigen beispielsweise, dass mehr als 65 % aller Personen, die eine Gehaltserhöhung beantragen, eine Gehaltserhöhung erhalten. Wenn Sie nie fragen, kann es nicht gegeben werden.

Persönliche Verbindungen sind effektiver als Telefon- und Internetverbindungen. Egal, ob Sie etwas verkaufen oder einfach nur Kontakte knüpfen möchten, es ist immer besser, sich selbst zu präsentieren und Menschen persönlich zu treffen. In einer Gesellschaft von Menschen, die sich hinter Internet-Monitoren verstecken, kann das eine ziemliche Herausforderung sein. Aber in einer Welt, in der sich die Menschen an E-Mails anstatt des persönlichen Kontakts gewöhnt haben, kann Ihnen ein persönliches Erscheinen den gewünschten »Marktvorteil« verschaffen.

Um ein besserer Kommunikator zu werden, arbeiten Sie an der Ausdruckskraft Ihrer Stimme, Ihrer Augen und Ihrer Gesichtsbewegungen. Mit sich selbst oder einem höheren Selbst im Spiegel oder Auto zu sprechen, kann Sie für Ihre Rede vor wichtigen Besprechungen quasi »vorwärmen«.

Wenn Sie Mut brauchen, versuchen Sie, einhundert Tage hintereinander mit mindestens einem Fremden am Tag zu sprechen. Das sollte das Problem beheben. Wenn Sie sich die Statistiken von Krankenhäusern, Krankheits- und Sterberaten ansehen, werden Sie feststellen, dass es einsamen Menschen tendenziell schlechter geht als Menschen, die sich verbinden (dies gilt für diejenigen, die nicht freiwillig einsam sind). Sich also zu verbinden, fördert Ihre Gesundheit und die anderer.

Denken Sie daran, dass Menschen leicht zu verzaubern sind. Und Sie verzaubern sie, indem Sie sie so sehen, wie die Seele sie sieht: mit Faszination. Lassen Sie nicht zu, dass mangelnde Kommunikation Ihre Lebensqualität beeinträchtigt. Jeder Mensch ist voller überraschender Antworten auf alles und jedes, dessen sollten Sie sich stets bewusst sein.

Vom Umgang mit schwierigen Menschen

Eine gute Art, mit schwierigen Menschen umzugehen, ist, »bei sich selbst zu bleiben«, sich nicht von ihnen aus dem eigenen Wohlgefühl reißen zu lassen. Sie schauen sich an, welche Worte, Handlungen und Emotionen von Ihnen selbst kommen, und achten nicht auf jene der schwierigen Person. Sie erlangen die Aufmerksamkeit von diesen Personen und was von ihnen kommt. Die ganze »Schwierigkeit« entsteht in Ihnen, indem Sie sich zu sehr auf das konzentrieren, was von dem anderen kommt. Aber wenn Sie einen besseren Zustand ausstrahlen würden, würde sich auch der Zustand anderer verbessern. Wenn Sie Ihre Reaktion auf eine Person ändern, ändert sich die Person tatsächlich. Die Methode versagt nie und es ist oft amüsant zu sehen, wie gut sie funktioniert.

Eine andere Möglichkeit, mit Unruhestiftern in Kontakt zu treten, besteht darin, sehr präsent zu bleiben. Anstatt den Inhalt des Gesprächs oder die Oberfläche oder den Inhalt des Problems in den Fokus zu rücken, erweitern Sie Ihre Aufmerksamkeit, um den Kontext des Gesprächs, die allgemeine Schwingung und Aura der Umgebung einzubeziehen, sodass Ihre Aufmerksamkeit nicht eng fokussiert, sondern offen ist. Sie können ohne Fixierung beobachten. Dies wird dazu führen, den Äther zu reinigen – zumindest Ihren eigene.

Wenn ein Störenfried Ihren Bereich betritt, liegt es in Ihrer Macht, etwas dagegen zu tun, die Atmosphäre zu verändern. Sie sind kein Opfer der Launen anderer Personen. Natürlich ist es auch möglich, »Auge um Auge« zu reagieren, indem man anderen

Leuten das zurückgibt, was sie bei einem abgeladen haben. Das ist immer noch besser, als deren Opfer zu sein. Aber es gibt eine höhere Ebene als »Auge um Auge«: Es heißt Vergeben und dann die Aufmerksamkeit verlagern und manchmal bedeutet das, den Raum zu verlassen.

Eine andere Methode, sich schwierigen Menschen zu nähern, besteht darin, sich auf Ihr ewiges spirituelles Selbst zu konzentrieren, anstatt auf das narzisstische Ego-Selbst. Sie ändern dann nicht nur Ihren eigenen Standpunkt, sondern strahlen auch eine andere Art von Wertschätzung aus, die von der Person empfunden wird. Wenn Sie der Person vergeben, entschuldigen Sie ihr Verhalten, ihre Worte oder Handlungen nicht, sondern verzeihen ihr als Mensch. Zwei kämpfende Menschen sind normalerweise zwei verletzte Egos, die in ihren Gedankengeschichten verstrickt sind. Damit die Kämpfe aufhören, muss einer der Beteiligten zumindest vorübergehend seine Geschichte loslassen, das »Recht zu haben«.

Sie –aus den Augen anderer

Einer der schnellsten Wege zur Selbstverbesserung besteht darin, sich selbst aus den Augen anderer Menschen von außen zu sehen. Im normalen Alltag – nicht in besonderen Situationen, nicht bei Hochzeiten, Feiern, Vorträgen – von jemandem mit der Kamera aufgenommen zu werden, mag schmeichelhaft sein oder auch nicht, aber es wird Ihnen die Realität zeigen. Eine Realität, die weder negativ noch positiv verzerrt ist. Und sobald Sie die Realität kennen und akzeptieren, sind Sie in der Lage, der Realität zu erlauben, sich zu verwandeln. Das Kameraexperiment habe ich mit Anfang zwanzig durchgeführt. Ich habe in meiner Wohnung eine gemietete Überwachungskamera aufgehängt und sie jedes Mal laufen lassen, wenn ich zu Hause war. Das Ziel war, die Kamera zu vergessen und mich so zu verhalten, wie ich es normalerweise tue. Ich bin sehr froh, dass ich das gemacht habe, die Erfahrung war desillusionierend. Ich war nicht der coole Sportler, der ich dachte zu sein, sondern ziemlich übergewichtig.

Meine Körperbewegungen waren nicht ruhig, wie ich dachte, sondern unbeholfen und ungeschickt. Wenn andere Leute anwesend waren, gab es ein bisschen mehr Egozentrik, als ich es wollte. Aber das wusste ich nicht. Wenn ich allein war, gab ich mich mehr als notwendig sinnloser Unterhaltung hin. Aber es gab auch gute Seiten und es waren nicht die guten Seiten, die ich mir vorgestellt oder gewünscht hatte, sondern ganz neue Erkenntnisse über mich selbst: Ich war ein ziemlich humorvoller und toleranter Mensch. Die Art von Person, der man alles anvertrauen könnte und es wäre in Ordnung. Bis dahin hatte ich diesen Sinn für Humor und Freundlichkeit bei mir nicht gesehen. Ich dachte eher, dass ich ein wirklich cooler und gutaussehender Kerl bin ... aber weit gefehlt, ich war ein übergewichtiger und humorvoller Kerl. Die Kamera-Erfahrung hat mein Leben zum Besseren verändert. Ich habe die Punkte gesehen, die ich verbessern wollte.

Im Laufe des Lebens kann es sich lohnen, sich etwas Zeit zu nehmen, um sich selbst mit den Augen anderer zu sehen. Es ist demütigend, weil Sie bemerken, dass Sie nicht alles sind, was Ihr Verstand meint, aber es ist auch inspirierend, weil Sie sehen, dass Sie besser sind als das. Es gibt einen Unterschied, wie Sie sich selbst sehen und wie andere Sie sehen. Und die Wahrheit liegt in der Mitte von beidem.

Während Sie dort sitzen, stellen Sie sich vor, Sie stünden vor sich selber und würden sich dort sitzend betrachten. Was fühlen Sie? Was sehen Sie? Was spüren Sie? Und dann stellen Sie sich vor, Sie sind ein Angestellter, Arbeitgeber oder Kunde und sehen Sie selbst dort sitzend an. Und dann stellen Sie sich vor, Sie sind ein Freund, Ehepartner oder Partner:

- Was fühlen Sie?
- Was sehen Sie?
- Was spüren Sie?
- Was können Sie an dieser Person akzeptieren, die dort sitzt?
- Was möchten Sie an dieser Person, die dort sitzt, verbessern?
- Was könnten Sie an dieser Person lieben, die dort sitzt?

Menschen zu beurteilen, macht Spaß

Obwohl wir die ganze Zeit, viele Male am Tag, heimlich über Menschen urteilen, wird uns immer gesagt, dass es nicht gut ist, Menschen zu beurteilen oder vorzuverurteilen. Das ist natürlich das Gute – jemandem die Chance zu geben, zu zeigen, wer er ist, bevor man ihn beurteilt. Was jedoch oft vergessen wird, wenn wir sagen »beurteile nicht« ist, dass es auch positive Urteile gibt. Ohne Menschen zu kennen oder ihnen die Chance zu geben, zu zeigen, wer sie sind, beurteile ich sie gerne positiv. Diese Art des Beurteilens hat eine starke Wirkung sowohl auf den Richter als auch auf den Beurteilten. Wenn Sie dies üben, verändern Sie Ihre Wahrnehmung und werden das Gefühl haben, dass andere sich in Ihrer Gegenwart entspannen können. Sie werden Ihre positive Einstellung spüren und es wird sie freuen.

Als Seminar-Coach nutze ich dieses Tool, um meine Gruppen positiv zu beeinflussen. Ich beurteile sie als »erleuchtete Wesen«, die genauso viel oder sogar mehr wissen als ich und durchaus fähig sind, alles zu werden, da sie kompetent, intelligent und kreativ sind. Wenn ein Lehrer seinen Schülern Vertrauen schenkt, unterstützt dies sie, es öffnet einen Raum, in dem sie sich entwickeln können! Ein Lehrer auf der anderen Seite, der zu viele negative Vorurteile über die Schüler hat, wird sie negativ beeinflussen. Das gleiche gilt für Chefs und Mitarbeiter, Partner, Eltern und Kinder und alle anderen.

Aus diesem Grund bin ich extrem wertend geworden. Ich bin voller Vorurteile ... aber im positiven Sinne! Wenn ich sehe, dass jemand kämpft, wird mein erster Gedanke nicht »Was für ein armer Idiot« sein, sondern »Er kann das«. Der bloße Gedanke wird telepathisch übertragen und vom Empfänger unbewusst gefühlt. Das bedeutet nicht, dass ich ein Narr bin, der die dunklen Seiten der Leute ignoriert. Es gibt niemanden, der auf dem Planeten Erde lebt, der keine Schattenseite hat. Wenn diese dunkle Seite bei jemandem außer Kontrolle gerät, werde ich ihn tatsächlich – nach einiger Zeit – in meinen Gedanken negativ beurteilen und den Umgang mit ihm einstellen.

Wenn Sie jemanden neutral betrachten, ohne jegliche Meinung oder Absicht, sehen Sie seine wahre Natur. Wenn Sie sie positiv beurteilen, bemerken Sie ihre besten Seiten, wenn Sie sie negativ beurteilen, bemerken Sie ihre dunklen Seiten. Es kann Spaß machen und Ihnen eine neue Erfahrung geben, Menschen positiv zu kennzeichnen und dann zu sehen, wie sich deren Verhalten entsprechend ändert, um zu sehen, wie viel von dem, was Sie erleben, intern projiziert wird. Übrigens: Wer glücklich ist, sieht andere eher als glücklich. Sie sehen die Welt nicht so, wie sie ist, sondern so, wie Sie sind.

Sie können andere nicht ändern – aber Sie können sie beeinflussen

Sie können andere nicht dauerhaft ändern. Echte Veränderung muss von denen selbst kommen. Solange Sie möchten, dass sich andere ändern, üben Sie Widerstand in deren Richtung aus – was oft ihre Entschlossenheit stärkt, sich **nicht** zu ändern. Sie können ihnen jedoch die Zeit, den Raum und die Aufmerksamkeit schenken, in denen sich ihr eigener Weg am leichtesten entfalten kann. Nehmen Sie sie so, wie sie sind, und Sie machen es ihnen leichter, jemand besserer zu werden. So werden Sie einen positiven Einfluss auf andere haben. Durch Ihren Charme können Sie andere leicht beeinflussen. Durch Nicken und anerkennende Worte. Mit Widerstand sind Menschen fast unmöglich zu ändern, aber wenn nur ein wenig Zustimmung in ihre Richtung fließt, werden sie Ihnen viel eher zuhören oder Ihrem Beispiel folgen. Sei es in der Führung oder der Kindererziehung oder in einer Beziehung oder in einem Team ... durch Ihr Beispiel lernen andere am meisten.

Es kann einige echte Übung erfordern, die Tendenz zu überwinden, »Du solltest«, »Er sollte«, »Sie sollte«, »Sie sollten« zu sagen. Das Paradoxe ist, dass sich Ihr Einfluss auf andere auf ein großartiges Niveau ausdehnen wird, sobald Sie das Bedürfnis loslassen, andere zu ändern. Sie werden feststellen, dass die Personen manchmal bereit sind, alles zu tun, was Sie verlangen. Anders ausgedrückt: Sie können entweder herumlaufen und versuchen, Schmetterlinge mit einem Fangnetz zu jagen, oder Sie können den Duft bereithalten, den Schmetterlinge am meisten mögen und von dem sie natürlich angezogen werden.

Sprechfaulheit überwinden

Ich habe vor kurzem ein Gespräch zwischen einem Paar gehört, das schon lange verheiratet war, aber in ihrer Kommunikation unglaublich faul geworden war und sich anscheinend zu sehr für selbstverständlich hielt:

»Könntest du mir das ... äh ... Ding ... du weißt schon was bringen.«

»Äh-Huh.«

»Und äh ... das Handtuch-Aufhänger-Ding auch ...«

»Jep.«

Während meines gesamten Aufenthalts bei ihnen beschrieb die Frau jedes zweite Objekt als »Ding« und der Mann gab äußerst knappe Antworten. Diese Faulheit spiegelte sich tatsächlich in ihrer Kleiderwahl wider. Sie hatten mich als Besucher und hatten sich nicht einmal die Mühe gemacht, den Pyjama auszuziehen. Ich versuchte, sie nicht mit unbekannten Konzepten oder Vokabeln zu überfordern, aber das schränkte meine eigene Gefühlspalette deutlich ein. Wenn alles nur ein »Ding« ist, wird nicht viel Fantasie entwickelt.

Es gibt viele Arten von Sprachfaulheit. Eine davon ist, ständig »Füllstoffe« wie »jedenfalls«, »eigentlich« und »gefällt mir« zu verwenden.

»Nun, er war wie ... ein wirklich netter Kerl ... und ich dachte, okay, lass uns das versuchen ... wie auch immer ... wir sind ins Auto gestiegen und er hatte so einen Lufterfrischer ...«

Faul, knapp oder unbewusst mit dem Vokabular und der Sprache zu werden, weist nicht nur auf niedrige Energie oder Erschöpfung hin, sondern kann einen niedrigen Energiezustand verewigen. Wenn Sie Ihr Sprechen und Schreiben verbessern und sich Mühe geben, können Sie Ihre Energie steigern. Denn die Sprache, die Sie verwenden, prägt das, was Sie sich vorstellen können. Und was Sie sich vorstellen können, verändert Ihren Energiezustand, macht den Unterschied zwischen Depression und Begeisterung. Der Unterschied zu öffentlichen Rednern, bekannten Schauspielern, populären Politikern, bekannten Autoren, Casanova ähnlichen Verführern und normalen Leuten liegt darin, dass ihre Sprache Bilder hervorruft – oder eben nicht.

Nehmen wir also diesen faulen Satz:

»Nun, er war wie ... ein wirklich netter Kerl ... und ich dachte, okay, lass es uns versuchen ... wie auch immer ... wir sind ins Auto gestiegen und er hatte so einen Lufterfrischer ...«

Und verwandeln Sie es in etwas eindrucksvolleres:

»Er war ein großer und gutaussehender Kerl, der mich nervös machen würde, wenn ich eine flauschige kleine Katze wäre, aber ich bin eher eine Tigerin, also habe ich zugestimmt, seine private Sphäre in Form eines blauen Mercedes zu betreten, genoss seinen leichten Hauch von Moschusparfüm. Allerdings schätzte ich den durchdringenden und künstlichen Geruch des Lufterfrischers, der am Rückspiegel baumelte, weniger.«

Sie können sehen, wie schon ein wenig mehr Details mehr Bilder im Gehirn und damit mehr Emotionen hervorrufen und dazu dienen, Ihren inneren Zustand zu verändern. Wenn Menschen langweilig und oberflächlich rüberkommen, liegt das daran, dass sie sich nicht mehr um ihre Sprache kümmern. Langfristige Beziehungen sind besonders anfällig dafür, wenn die Partner aufhören, sich zu bemühen, weil sie es für selbstverständlich halten, aber das macht keine gute Beziehung aus. Jede Ehe kann also wiederbelebt werden, indem man sich noch einmal ein wenig mehr Gedanken macht oder sich bewusst neue Gesprächswege einfallen lässt.

Nicht vollständig ausdrucksstark zu sein kann auch eine Methode sein, sich zu verstecken, sein wahres Selbst nicht zu zeigen und daher zu versuchen, abgelehnt zu werden.

»Nun, wenn sie mich ablehnen, wird es zumindest nicht mein wahres Selbst sein, das sie ablehnen«, scheint das Unterbewusstsein zu sagen.

Indem die Leute also langweilig sind, versuchen sie, Ablehnung zu vermeiden ... klingt verrückt, nicht wahr? Die Idee dahinter ist, dass niemand sie angreift, wenn sie ungesehen bleiben, aber dies geschieht auf Kosten ihrer Lebendigkeit und Energie. Ungesehen zu bleiben, wird ihnen auch keinen merklichen Nutzen bringen. Sie werden bei den ersten sein, die gefeuert werden, wenn ein Unternehmen Mitarbeiter entlässt. Wenn ich mit jemandem im Coaching bin, der emotional verletzt ist, wird er oft schwach und träge in seiner Ausdruckskraft, beschreibt die Dinge nicht mehr im Detail, stellt sich nichts mehr vor. Grund dafür ist ein Energiemangel. Diese fehlende Energie könnte jedoch durch Fokussieren und Sein zurückgewonnen werden.

Um einen eigenen Willen, Energie und Mangel daran zu erfahren, hier eine Übung:

Wählen Sie ein Objekt in Ihrer Umgebung und beschreiben Sie es ausführlich.

Haben Sie das probiert? Und, wie ist es gelaufen?

Jeder, der jemals versucht hat, Belletristik zu schreiben, stößt zuerst auf die Schwierigkeit, Dinge zu beschreiben. Es gibt viele

Möglichkeiten, etwas zu beschreiben und auszudrücken. Oft fehlt das Vokabular. Ich habe zum Beispiel eine Schwäche, wenn es um die Beschreibung von Pflanzen und Grün geht. Ich kenne die Namen der meisten Blumen und Pflanzen nicht. Da ich mehrere Sprachen spreche, vermisse ich oft Detail-Vokabular, um verschiedene Formen, Größen und Looks und Düfte zu beschreiben.

Um meine Sprachkompetenz täglich zu verbessern, schlage ich Wörterbuchdefinitionen nach, lerne pro Tag ein neues Wort und suche auch nach Synonymen für Wörter, die ich oft verwende.

Eine detaillierte Sprache ist viel mächtiger und hilft, geistige Faulheit zu überwinden. (Ich meine natürlich beschreibende und stimmungsvolle Worte, nicht einen Haufen überflüssigen Jargons und bürokratisches Kauderwelsch.)

Die Kraft evokativer Sprache, Poesie und dem Geschichtenerzählen besteht darin, die Aufmerksamkeitsspanne und damit die Konzentrations- und Vorstellungskraft der Menschen weit über die von Twitter-Tweets hinaus zu erhöhen, damit sie ihre oberflächliche und kurzlebige Sichtweise aufgeben können und tiefer schauen und fühlen.

Ändern Sie Ihr Vokabular, um die Realitätsfilter anderer zu umgehen

Ich ändere das Vokabular, das ich verwende, je nachdem, mit wem ich spreche. Es ist so ein wesentlicher Bestandteil in meinem Kommunikations-Werkzeugkasten. Das heißt nicht, dass ich mich selbst zensiere. Ich ändere nicht die Essenz dessen, was ich sage oder lehre, sondern nur den Wortlaut. Das Medium wechselt, die Botschaft bleibt gleich.

Nehmen wir zum Beispiel an, ich möchte eine Sitzung mit geschlossenen Augen mit Schülern durchführen. Normalerweise sage ich: »Lass uns eine Meditation machen. Bitte schließe deine Augen«, aber in einem Business-Leute-Setting könnte ich stattdessen sagen: »Lassen Sie uns eine Konzentrationsübung machen. Bitte schließen Sie Ihre Augen.«

Das Ergebnis ist das gleiche, nur das Vokabular hat sich geändert. Warum wurde es geändert? Es wurde geändert, um Widerstandsfilter im Hörer zu umgehen. Am Ende mache ich dasselbe. Es ist schon komisch, wie die Identitäten, die Menschen tragen, wie »Ich bin spirituell« oder »Ich bin ein Geschäftsmann«, sie manchmal dazu bringen können, bestimmte Konzepte abzulehnen und anderen zuzustimmen. Glücklicherweise sind die meisten »Geschäftsleute« heutzutage nicht so empfindlich, dass sie dem Wort »Meditieren« Widerstand entgegenbringen.

Ihren eigenen Wortschatz für andere zu ändern ist ein Service, keine Angst. Übertreibt man das oder macht es mit dem Motiv der Angst statt Liebe und Respekt, wird es zu Tabus und Angst vor »Beleidigungen«. Die Angst-Version würde also so klingen: »Hmmm ... da ist diese religiöse Person in meiner Gruppe. Was ist, wenn sie das Wort ›Meditation‹ nicht mag? Ich werde stattdessen das Wort Gebet verwenden. Oh, aber warte ... es gibt auch Atheisten in dieser Gruppe ... was ist, wenn sie sich dem Wort ›Gebet‹ widersetzen? Ich sollte es Hypnose nennen. Oh, aber warte, wenn ich es Hypnose nenne, könnten sie paranoid werden. Hmmm ... Okay, ich werde Meditation ganz überspringen.«

Während es also gut ist, Ihre Worte an die Kultur und Realität der Menschen anzupassen, mit denen Sie sprechen, müssen Sie sich niemals selbst zensieren, nur um sich den Gegebenheiten anzupassen.

Menschen sind darauf konditioniert, auf bestimmte Worte mit Widerstand zu reagieren. Andere Wörter sind einfach durch schlechte Erfahrungen in Verruf geraten. Die Achtsamkeit gegenüber den Realitätsrahmen der Menschen ist die Grundlage einer guten Kommunikation. Wenn Sie wissen, wie man Dinge formuliert, können Sie ganz offen, direkt, tabubrechend oder kontrovers sein ... und niemand wird etwas dagegen haben. Auch ist der Wortschatzwechsel nicht mit Opportunismus zu verwechseln. Ein Opportunist ändert sein Wesen, seine innere Haltung, je nachdem, mit wem er spricht. Der eigentliche Punkt ist, dass Sie nicht Ihre Prinzipien ändern, sondern nur das Vokabular, mit dem Sie kommunizieren. Es ist ein Unterschied, ob Sie sagen »Du bist dumm« oder »Lass mich dir etwas Intelligenteres zeigen«. Bei ersterem werden Sie ihr Ziel wahrscheinlich nicht erreichen, bei letzterem ist das eher wahrscheinlich.

Durch die Wahl des richtigen Wortlauts können Sie die innere Zensur von jedem umgehen. Ich erinnere mich an ein Seminar, das ich hatte, in dem es einen stereotypen »weichen Kerl« und einen stereotypen »harten Kerl« gab. Der weiche Kerl hatte einen zerbrechlich aussehenden Körper, einen Bart, freundliche und süße Augen. Der harte Kerl hatte einen rasierten Kopf und große Muskeln. Sie hätten nicht stereotyper aussehen können. Allein aufgrund ihres Aussehens konnte man alle ihre Ansichten vorhersagen. Deshalb haben wir so viel Freude an Menschen, die ein bestimmtes Aussehen haben, aber anders als von uns angenommen denken. Sie überraschen uns, indem sie Stereotype brechen. Es war erfrischend zu beobachten, wie diese beiden so dachten und sprachen, wie sie aussahen. Als ich also über Liebe und Vergebung und unsere wesentliche Einheit sprach, nickte der sanfte

Typ enthusiastisch, wohingegen, als ich über Willenskraft und wie der Verstand die Umstände beherrscht, sprach, der harte Kerl enthusiastisch nickte. Ich finde es absolut urkomisch, wie man irgendjemandem etwas verkaufen kann, wenn man die richtigen Worte verwendet.

Leider werden das Weichei und der harte Kerl natürlich nichts außerhalb ihres Identitätsrahmens hören. Ihre Identität begrenzt das, was Sie wahrnehmen, sehen und hören. Wenn das Energieniveau der Menschheit steigt, werden die Identitäten der Menschen weniger starr und sie werden leichter in der Lage sein, unbekannte Konzepte zu verdauen.

Sie reden mit Ihren Eltern anders als mit Ihrem Geliebten, nicht wahr? Das liegt nicht daran, dass Sie manipulativ sind; Sie sind sich der Realitätsrahmen der Menschen bewusst. Jeder Mensch hat Wünsche und Widerstände. Wenn Sie eine Vorstellung davon haben, was diese sind, können Sie sie verwenden, um sie zu manipulieren, oder Sie können sie verwenden, um Respekt und eine Beziehung zwischen Ihnen und dem anderen aufzubauen. Als guter Kommunikator sind Sie in der Lage, die Filter anderer zu respektieren, die Filter anderer zu umgehen, Ihre eigenen Filter freizugeben und sogar Ihre eigenen Filter zu bauen, je nachdem, welche Aspekte Sie wahrnehmen möchten. Das ganze Leben ist ein wunderbarer Austausch von Ideen und Energien, von Filtern und Nicht-Filtern, Öffnen und Schließen, Ein- und Ausatmen, einen breiten Fokus haben und Fokussieren.

Immun gegen Manipulation

Nichts zwingt Sie, Menschen die Macht zu geben, Ihr Lächeln, Ihren Wert und Ihre Einstellung zu kontrollieren.

Menschen manipulieren sich jeden Tag auf subtile Weise, oft unbewusst, manche bewusst. Das Wissen um verschiedene Manipulationsmethoden verringert die Macht über Sie erheblich und Sie werden weniger leicht zu manipulieren sein. Alles »Manipuliert werden« ist verbunden mit »reaktiv sein« statt entspannt zu sein. Was folgt, sind sechs gängige, aber subtile Spiele, die Menschen spielen. Wenn Sie ruhig präsent und bewusst sind, werden Sie bemerken, dass alle diese Spiele gespielt werden und Sie werden daher immer seltener selbst daran teilnehmen.

1. Von anderen kopierte Bewegungen

Ist Ihnen schon einmal aufgefallen, dass eine Person, die in Ihrer Nähe sitzt, auch ihr Glas in die Hand nimmt, wenn Sie Ihr Glas für einen weiteren Schluck nehmen? Wie bereits erwähnt, wenn Sie eine Bewegung machen und jemand in Ihrer Nähe diese Bewegung ohne Verzögerung kopiert, bedeutet dies, dass seine Aufmerksamkeit bei Ihnen ist (er ist unbewusst synchron mit Ihnen, was keine schlechte Sache ist) – oder aber, dass er schlicht keine eigene innere Position hat. In Flirt-Situationen können wir dies manchmal sehen. Eine Person wird absichtlich eine plötzliche Bewegung machen, um zu sehen, ob sich die andere unbewusst mitbewegt. Wenn der andere sich des Spiels bewusst ist, wird er sich vom Weitermachen abhalten, um seine Flirtabsichten nicht frühzeitig zu offenbaren. Eine Person, die »zu sehr in Sie verliebt ist«, wird auf jede einzelne Bewegung reagieren, die Sie machen.

2. Überspitzte Zustimmung zeigt, dass die anderen etwas von Ihnen wollen

Wenn jemand offen oder heimlich etwas von Ihnen will, wird er Ihnen eher zustimmen. Selbst wenn Sie zum Beispiel einen lahmen und langweiligen Witz erzählen, könnte Ihr Gesprächspartner hysterisch lachen. Oder selbst wenn Sie etwas Uninteressantes sagen, könnte Ihr Gegenüber zustimmend mit dem Kopf nicken. Aus diesem Grund können sich Chefs mit ihren Mitarbeitern langweilen – weil sie von einem Haufen »Arschkriecher« umgeben sind, die ihnen nie widersprechen.

3. Übermäßige Meinungsverschiedenheiten zeigen das Gleiche

Ein Mann oder eine Frau, die wissen möchte, ob der andere romantisch oder sexuell »interessiert« ist, prüft einfach, ob es eine Übereinstimmung gibt oder das extreme Gegenteil. Mit übermäßiger Meinungsverschiedenheit oder Ignorieren oder Wegschauen versucht die Person, ihre übermäßige Zustimmung zu verschleiern. Jemand, der ein »gutes Spiel« spielen will, wird also weder übermäßig zustimmen noch dagegen sein, sondern einfach authentisch sein. Auf der anderen Seite, wenn Sie möchten, dass jemand Ihnen zustimmt, stimmen Sie ihm zuerst zu. Wenn die anderen mit Ihnen nicht einverstanden sind, dann steckt in ihnen ein gewisser Widerstand, der durch Ihre eigene Zustimmung neutralisiert werden kann. Sie nicken also zustimmend bei dem, was die anderen sagen, und bringen dann Ihre eigenen Vorschläge ein. Ihre Vorschläge werden eher mit Zustimmung aufgenommen, als wenn Sie den anderen zuvor nicht zugestimmt hätten. Diese albernen Energiespiele des Verlangens und des Widerstands überraschen immer wieder aufs Neue. Wenn Sie es natürlich mit reifen

Menschen zu tun haben, macht es keinen Unterschied, ob Sie zustimmen oder nicht, und Sie können den ganzen Kindergarten überspringen und auf den Punkt kommen.

4. Die Leute mögen Anerkennung

Eine andere Möglichkeit, einen »Feind« auf Ihre Seite zu bringen, besteht darin, ihn um Hilfe zu bitten. Warum funktioniert das? Denn diejenigen, die Sie nicht mögen, betrachten Sie nicht mit Mitgefühl. Aber in dem Moment, in dem Sie deren Hilfe anfordern, können sie Sie als jemanden in Not betrachten und ihr Herz wird weich. Ziemlich manipulativ, oder?

Ich empfehle Ihnen nicht, herumzulaufen und diese Werkzeuge zu verwenden, um Menschen zu manipulieren, aber Sie sollten sich zumindest dessen bewusst sein, um nicht selbst auf sie hereinzufallen. Natürlich versuchen nicht alle und nicht einmal die Hälfte der Menschen, die Sie um Hilfe bitten, Sie zu manipulieren. Es ist jedoch manchmal möglich und ich habe es hin und wieder gesehen.

Im Allgemeinen mögen Menschen es, anerkannt zu werden, sie mögen Zustimmung und Nicken. Noch etwas: Wenn Sie es mit jemandem zu tun haben, der unsicher ist, korrigieren Sie ihn nicht immer, wenn er falsch liegt. Wir genießen die Zeit mit selbstbewussten Menschen mehr und das liegt daran, dass wir einfach authentisch sein können, ohne deren Befindlichkeiten ständig berücksichtigen zu müssen. Auf der anderen Seite sollten Sie sich nicht zu oft zensieren, nur um die Unsicherheit anderer zu überspielen.

5. Unterschreiben Sie keine Deals nach dem Abendessen

Mir ist aufgefallen, dass Leute, die versuchen, andere anzuziehen, sie zuerst zum Abendessen und zu einem Glas Wein einladen und dann einen Deal abschließen oder einen Vertrag unterschreiben. Es wird angenommen, dass der Geist abends, nach einem langen Tag und vor allem nach Essen und Wein nicht mehr die Klarheit und Lebensfreude hat wie am Morgen. Manchmal versuchen manipulative Leute dies auszunutzen, indem sie Angebote anbieten, wenn Sie nicht in guter Verfassung sind. Treffen Sie daher die großen Entscheidungen nur, wenn Sie sich in einem guten Zustand befinden. Jede Entscheidung, die aus Müdigkeit oder emotionalen Turbulenzen getroffen wird, führt zwangsläufig zu späteren Aufregungen.

6. Preisvergleich

Ein alter Trick, den die Leute immer wieder nutzen, ist der Preisvergleich. Sie könnten also einen Laden betreten, um eine Jacke zu kaufen. Wenn der Verkäufer im Preisvergleichen geschult ist, zeigt er Ihnen zuerst eine teure Jacke und dann eine ähnliche Jacke zu einem günstigeren Preis. Dies erhöht die Wahrscheinlichkeit, dass Sie die preisgünstigere Jacke kaufen, erheblich. Vielleicht hätten Sie diesen Einkauf nicht getätigt, wenn Sie nicht zuerst die teurere gesehen hätten.

Ich kenne einen Immobilienmakler, der täglich Preise verhandelt. Wenn der tatsächliche Höchstpreis für die Immobilie zweihunderttausend US-Dollar beträgt, dann wird bei vierhunderttausend US-Dollar begonnen und »großzügig« auf dreihunderttausend US-Dollar und vielleicht sogar auf ein »letztes Angebot« auf zweihundertfünfzigtausend US-Dollar runtergegangen. So bekommt der Verkäufer fünfzigtausend Dollar mehr als den eigentlichen Wert. Im Verhältnis zu vierhunderttausend US-Dollar sieht es wirklich nach einem Schnäppchen aus, scheinbar.

Was bedeutet das für Sie? Das bedeutet, dass Sie nicht immer davon ausgehen müssen, dass Sie den »Vollpreis« zahlen müssen, da viele Artikel bewusst überteuert sind, um den Verkäufer bei der Preissenkung »großzügig« erscheinen zu lassen.

Wenn die Kontrastierung nicht funktioniert, tun Manipulatoren genau das Gegenteil. Sie werden herunterskalieren und Ihnen »ein Angebot machen, das Sie nicht ablehnen können«. Sobald Sie »Ja« zu dem Angebot gesagt haben, haben sie Ihre Zustimmung und denken, dass sie jetzt ein etwas größeres Angebot machen können, zu dem Sie auch Ja sagen und so weiter. In der Verkaufssprache heißt das »auf die Ja-Straße kommen«.

Wenn Sie ein bewusster Mensch sind, »brauchen« Sie eigentlich nichts und es ist unmöglich, Sie zu manipulieren. Wenn Sie wissen, was vor sich geht, können Sie nicht manipuliert werden. Neulich saß mir jemand gegenüber und als er meine Körperhaltung kopierte, sagte er: »Ich spiegele Sie. So kann ich mich leichter mit Ihnen in Verbindung setzen.«

Ich lachte laut, denn als er enthüllte, was er tat, war das Spiel vorbei. Tatsächlich machte mich die Erkenntnis, dass er versuchte, mich zu manipulieren, skeptisch, anstatt dankbar. Am Ende ist es also wahrscheinlich am besten, ganz auf Manipulation zu verzichten und von Moment zu Moment einfach so zu sein, wie man ist. Dies macht Sie zu einer einfachen Person, mit der man besser zusammen sein kann.

Gebrochene Vereinbarungen heilen

Beispiele für gebrochene Vereinbarungen können sein:

- Ein gebrochener Geschäftsvertrag
- Ein gebrochenes Versprechen

- Beziehungsuntreue
- Abwesenheit von einem vereinbarten Treffen ohne Entschuldigung
- Projektabbruch ohne Benachrichtigung, Vorbereitung oder Erstattung der Beteiligten

Eine Vereinbarung stellt eine energetische Bindung zwischen zwei oder mehr Personen her. Wenn Sie eine harmonische und produktive Beziehung zu anderen fortsetzen möchten, müssen gebrochene Bindungen geheilt und repariert werden. Die verräterischen Zeichen einer guten privaten oder geschäftlichen Beziehung sind Harmlosigkeit und Gegenseitigkeit.

Die Vorgehensweise hängt von der Schwere des Verrats ab.

Zu sagen »Ich treffe dich um 6 Uhr« und komme dann um 7 Uhr an, ist kein schwerer Verrat (aber die Person, die dies tut, hält ihr Wort nicht und wird kein Vertrauen wecken).

Einen Vertrag zu verraten oder in einer Beziehung untreu zu sein, kann etwas schwerwiegender sein. Um die Situation zu heilen, muss die betrogene Person durch Vergebung und Selbstverbesserung über die Viktimisierung hinausgehen, während die betrügerische Person um Vergebung bitten und Wiedergutmachung leisten muss. So beheben Sie die Situation psychologisch und emotional. Die negative Alternative dazu ist ein endloser Kreislauf von Misstrauen und Schuldzuweisungen.

Beziehungsuntreue tritt auf, wenn beide Partner Monogamie vereinbart haben. Eine solche Vereinbarung sollte zu Beginn einer Beziehung erfolgen. Das sollte nicht gehofft, impliziert oder als selbstverständlich hingenommen werden. Die Ausnahme ist die Ehe, bei der die Treue feierlich versprochen wird. Ich habe schon erlebt, dass Beziehungen gescheitert sind, in denen eine Seite von

Anfang an keine Loyalität verlangte, nur in der Hoffnung, dass die andere eines Tages »ihre Meinung ändern« würde oder aus Angst, die andere würde dies missbilligen. Wie in allen anderen Lebensbereichen, in denen es keine Einigung gab, kam es zu Schwierigkeiten. Der Bruch der Vereinbarung ist ein Vertrauensbruch und ein Bruch einer im Laufe der Zeit kultivierten Verbindung. Es dauert viel Zeit, diese besondere Verbindung herzustellen, aber nur wenige Minuten, um sie zu lösen.

Ein häufiger Grund für Untreue ist Langeweile oder der Wunsch nach etwas Neuem. Das hätte man schon lange vor der kritischen Situation ansprechen können. Daher ist mangelnde Kommunikation eine Hauptursache für Untreue. Alle Beziehungsprobleme, vom kleinsten bis zum größten, haben etwas damit zu tun, seine Gedanken, Frustrationen und Wünsche zurückzuhalten. Hätte einer von den Beteiligten gesagt »Mir ist in dieser Beziehung langweilig«, wäre es vielleicht etwas schmerzhaft gewesen, aber dann hätten beide die Möglichkeit gehabt, etwas an der Situation zu ändern. Da Untreue das Bedürfnis nach Abenteuer und Freiheit nicht wirklich befriedigt, wird es sich so lange wiederholen, bis dieses Bedürfnis auf spiritueller Ebene befriedigt wird. Der Versuch, dieses Bedürfnis durch Sex mit einer Vielzahl von Partnern zu befriedigen, ist wie Süßigkeiten zu essen, um den Hunger zu stillen. Die Befriedigung ist nur vorübergehend und nicht ganz so tief wie die eines guten Essens.

Beziehungsuntreue

Einer der Hauptblockaden, Beziehungsprobleme zu heilen, ist die gesellschaftliche Annahme, dass es um Täter (Betrüger) und Opfer (Betrogene) geht. Das ist ein Fehler. Beide Seiten haben eine Reihe von Fehlern gemacht und sind machtlos geworden. Wenn

Sie derjenige sind, der betrogen hat und es bereuen, dann empfehle ich Ihnen, diesen kleinen Energiereinigungsprozess nach besten Kräften zu befolgen:

Sagen Sie sich:

»Ich gebe zu, dass ich einen Fehler gemacht habe.« (fühlen Sie es)

»Es tut mir leid.« (fühlen Sie es)

»Dieser Fehler wurde durch __________ motiviert (zum Beispiel: Langeweile oder Wut oder Verlangen).« (fühlen Sie es)

»Ich liebe dich. Ich möchte mir selbst verzeihen.« (fühlen Sie es)

Wiederholen Sie diese Ideen langsam und bewusst, bis Sie diese tatsächlich fühlen und akzeptieren können. Sagen Sie Ihrem Partner:

»Ich gebe zu, dass ich einen Fehler gemacht habe. Es tut mir leid.« (fühlen Sie es)

»Dieser Fehler wurde von ________ motiviert.«

»Das ist jedoch keine Entschuldigung.« (fühlen Sie es)

»Ich liebe dich.« (fühlen Sie es)

»Ich möchte dich um Verzeihung bitten, wenn die Zeit für mich reif ist. (fühlen Sie es)

»Ich möchte es wieder gutmachen mit ________________ (Klagen in Form von Wiedergutmachung).«

Wenn Sie Ihre Taten nicht bereuen, weil Ihre Taten aus Rache motiviert waren, oder wenn Sie der Meinung sind, dass es nichts Falsches ist, ein wenig Spaß diesbezüglich verdient zu haben, ist das okay. Aber wie in jedem anderen Lebensbereich ist die Zustimmung zu bestimmten Verhaltensweisen nicht nur als Gesellschaftsvertrag, sondern auch energetisch/spirituell bindend. Der richtige Weg wäre gewesen, auf Ihren Partner zuzugehen und zu sagen: »Ich habe meine Meinung geändert. Ich möchte nicht mehr in Monogamie leben.« Auf diese Weise sind Sie vom Vertrag zurückgetreten und können tun und lassen, was Sie wollen. Das mag schwieriger sein, als geheime Affären zu haben, aber energetisch ist es viel sauberer. Jedes Mal, wenn Sie ein Geheimnis bewahren, zieht sich Ihr emotionaler Körper zusammen und ein wenig Ihrer Aufmerksamkeit / Energie wird unterteilt.

Es ist wenig ratsam, um Vergebung zu bitten, während der Betrogene noch in Aufruhr ist. Warten Sie ein paar Tage oder länger. Wiederholen Sie den Zyklus bei Bedarf. Aber erlauben Sie Ihrem Partner(in) nicht, Ihnen dieses Ereignis jahrelang vorzuwerfen. Es muss einen abschließenden Augenblick geben, nachdem Ihr Partner(in) Ihnen vergeben hat und Sie Ihre Wiedergutmachung geleistet haben. Andernfalls hegt Ihr Partner(in) jahrelang einen Groll gegen Sie und es folgt eine Wiederholungsschleife, in der sie es in jedem Streit erwähnen, der geführt wird. Wenn Ihr Partner(in) jetzt nicht zu einem Abschluss kommen kann, geben Sie ihm/ihr etwas Zeit, fordern Sie dann aber nach einigen Wochen einen Schlussstrich. Erklären Sie, dass Sie den Fehler verstehen und es nicht wieder passieren wird, dass es aber nicht in Ordnung ist, ihn weiter anzusprechen, sobald eine Wiedergutmachung erfolgt ist.

Wenn es keine gegenseitige Vergebung gibt, entsteht ein Kreislauf der Schuld. Sie werden sich dann über Jahre hinweg gegenseitig die Schuld für alle möglichen Dinge geben und Beschwerden werden sich häufen. Die Beschwerden stehen normalerweise nicht im Zusammenhang mit dem Betrugsereignis, sondern werden unbewusst von diesem ursprünglichen Fall der Unversöhnlichkeit getrieben.

Wenn Sie derjenige sind, der betrogen wurde, empfehle ich diesen Aktionszyklus:

Sagen Sie sich: »Ich bin kein bloßes Opfer. Ich gebe zu, dass ich dies aus Unwissenheit im Laufe der Zeit zugelassen habe.«

»Wir beide sind daran beteiligt, dies geschehen zu lassen.« (fühlen Sie es)

»Ich liebe dich.« (Fühlen Sie das)

»Ich möchte mir verzeihen, dass ich das zugelassen habe.« (fühlen Sie es)

Sagen Sie zum anderen:

»Es tut mir leid, dass das passiert ist. Obwohl ich das, was du getan hast, nicht billige und mir wünsche, dass du es nicht noch einmal tust, liebe ich dich.« (fühlen Sie es)

»Obwohl ich die Aktion nicht gutheiße, möchte ich dir als Person, als Freund(in), Partner(in) und Geliebte(r), vergeben.« (fühlen Sie es)

»Sollte es noch einmal passieren, werde ich ____________ (zum Beispiel: Dich verlassen).« (fühlen Sie es)

»Ich akzeptiere deine Entschuldigung und deine Wiedergutmachung und ich gelobe, diesen Fall in den kommenden Jahren nicht weiter gegen dich vorzubringen.«(fühlen Sie es).

Wiederholen Sie diese Ideen, bis Sie in dieser Angelegenheit ein echtes Gefühl von Frieden wiedererlangt haben und bereit sind, weiterzumachen.

Sobald die Vergebung den Schmerz auf beiden Seiten heilt, sollten Sie und Ihr Partner(in) sich hinsetzen und die Wurzel des Ereignisses ansprechen. Wenn die Wurzel zum Beispiel Langeweile war, sollten Sie darüber sprechen, wie Sie Ihre Beziehung neu beleben können, und verstehen, dass von beiden Seiten ein wenig Anstrengung erforderlich ist und sich die Natur der Liebe mit der Zeit ändert. Wie eine Pflanze, die bewässert werden muss, braucht eine Beziehung hin und wieder frische Ideen und Einstellungen.

Wenn ein solches gegenseitiges Verständnis nicht erreicht werden kann, ist es besser, dass Sie beide sich für ein paar Monate physisch trennen, um Ihre eigene einzigartige Identität wiederzufinden und Vorurteile über Ihren Partner(in) zu lösen, bevor Sie entweder zurückkehren oder weiterziehen.

Dies ist ein sehr kurzer Abschnitt, aber er enthält alles, was zur Heilung des Ereignisses benötigt wird, wenn es ernsthaft angewendet wird. Im wirklichen Leben kann dies oft von längeren Zeitspannen und aufgewühlten Emotionen auf beiden Seiten begleitet sein. Geben Sie diese weiter frei. Der Mensch ist fehlbar. Lassen Sie den Wahn der »perfekten Welt« los und werden Sie stattdessen entspannter und mitfühlender.

Es ist ziemlich einfach, in die bequeme Hybris von Opferrolle, Schuldzuweisungen und Ressentiments zu geraten, aber tun Sie es nicht. Davon profitieren weder Sie noch Ihr Partner(in). Machen Sie in Krisenzeiten alles, um Klarheit zu bewahren.

Gebrochene Verträge

Es wäre gut, alle Verträge, Vereinbarungen und Versprechen aufzulisten, die Sie im Laufe Ihres Lebens im nicht beiderseitigen Einverständnis gelöst haben. Dies ist eine Gelegenheit, um etwas von Ihrer Lebensenergie und Vitalität zurückzugewinnen. Bitten

Sie für jeden Punkt auf Ihrer Liste die Person, mit der Sie eine Vereinbarung gebrochen oder verraten haben, um Vergebung und bieten Sie Wiedergutmachung an. Wenn die Person nicht mehr verfügbar ist oder dies aus irgendeinem Grund nicht möglich ist: Bitten Sie dann privat um Vergebung (in Meditation oder Gebet) und schreiben Sie auf, wie Sie das im Leben wiedergutmachen werden.

Das Wort Integrität bezieht sich darauf, ein integriertes Wesen zu sein, bei dem alle Ihre Teile ganz und vollständig sind, anstatt ein unterteiltes, abgespaltenes, unruhiges Wesen. Die nächste Liste, die Sie erstellen, sollte alle Fälle ansprechen, in denen Sie während Ihres ganzen Lebens das »Opfer« von nicht gegenseitig gebrochenen Vereinbarungen und Verträgen waren. Schreiben Sie für jeden Punkt auf Ihrer Liste auf, durch welche Emotionen Sie motiviert waren, bevor der andere die Vereinbarung mit Ihnen brach. Dies wird in den meisten Fällen Ihren Anteil daran offenbaren. Üben Sie dann für jeden Punkt auf der Liste Vergebung, indem Sie sich selbst und dem anderen vergeben.

05: ÖFFENTLICHES SPRECHEN

Beim öffentlichen Reden gibt es alles: Von Unbehagen zu Ruhe, von Stumpfheit zu Eifer, von Verwirrung zu Klarheit und von Langeweile zu Faszination. Dies ist eines dieser Themen, bei denen wirklich »alles im Kopf« ist. Es geht darum, sich selbst zu kennen, über das Thema Bescheid zu wissen und das Publikum zu verstehen. Je vertrauter Sie mit Ihren Zuhörern sind, desto einfacher wird es, aber was ist, wenn Sie das Publikum noch nie zuvor gesehen haben? Nun, in diesem Fall tun Sie so, als ob Sie sie schon lange kennen würden.

Wenn Sie seit vielen Jahren Präsentationen halten, sind Sie mit dem Thema und den Menschen im Allgemeinen so vertraut, dass Sie keine Angst vor Auftritten haben. Ihre Herausforderung ist dann nicht Angst, sondern Langeweile.

Wenn Sie jedoch unsicher sind, geben Sie einfach vor, mit einer Gruppe von Menschen zusammen zu sein, die Sie schon seit Ewigkeiten kennen. Das Ergebnis ist eine sofortige beruhigende Wirkung. Das Gefühl der Vertrautheit kann durch die Art und Weise erhöht werden, wie Sie sich allgemein auf andere beziehen und an sie denken. Wenn Sie sich von den Menschen im

Allgemeinen entfremdet fühlen, werden Sie nicht gerne in der Öffentlichkeit sprechen. Sie können auch Ihr Gefühl der Vertrautheit mit Ihrem Publikum erhöhen, indem Sie es direkt ansehen und mit ihm atmen. Ein Gefühl der Vertrautheit kann auch dadurch erreicht werden, dass man mit Menschen zusammen ist, die einen mögen und akzeptieren – und deshalb ist die Angst vor öffentlichen Reden normalerweise höher, *bevor* man die Bühne betritt. Die Vertrautheit kann erhöht werden, indem Sie erfahren, was das Publikum möchte, mit dem Sie sprechen. Ein intimes Verständnis dessen, was sie sich wünschen, wird eine ziemlich beruhigende Wirkung haben.

Der Zugang zur Wahrheit der Seele wirkt beruhigend. Die Wahrheit der Seele ist, dass diese Menschen nicht viel anders sind als Sie. Durch neurotische Verzerrungen – der Versuch, größer oder kleiner als der Mensch zu sein – verkrampft man sich. Wenn Sie sich sagen »Ich bin sehr wichtig, meine Rede ist sehr wichtig und die Leute sind Idioten, die lernen müssen, was ich zu sagen habe«, dann machen Sie sich selbst größer. Wenn Sie sich sagen: »Ich bin so unbedeutend, niemand schert sich darum, was ich zu sagen habe«, machen Sie sich kleiner. Beide Haltungen werden unnötige Spannungen erzeugen. Die Wahrheit der Seele ist, dass Sie sich mit jedem Menschen wohl fühlen. Wenn Sie dies verstehen, werden Sie sich nie wieder Sorgen machen, in der Öffentlichkeit zu sprechen.

Wenn Sie sich zu sehr um Ihr Reden in der Öffentlichkeit sorgen, machen Sie sich zuerst damit vertraut, wer Sie sind, dann mit anderen und auch mit dem Thema, über das Sie sprechen. Wenn Sie mit Ihrem Thema vertraut sind, können Sie sich im Detail darauf konzentrieren, und während Sie sich konzentrieren, verschwinden alle Bedenken und Sorgen, während Sie in den Fluss Ihres Fachwissens einsteigen. Für diejenigen, die die Angst bereits überwunden haben, geht es darum, Lebensfreude zu finden, ein Thema nicht nur zu beherrschen, sondern auch gerne darüber zu sprechen. Sie können Schwung gewinnen oder wiedererlangen, indem Sie das Thema Ihres Vortrags an das anpassen, was Sie mehr glauben und genießen. Eine andere Möglichkeit, die Begeisterung für das Sprechen wiederzugewinnen, besteht darin, unvorbereitet zu kommen ... indem Sie keine Notizen, keine Papiere, keinen Plan, nichts vorbereiten. So wird Ihr Sprechen zu einem spontanen Ausdruck Ihrer Seele.

Wenn Sie Angst haben, brauchen Sie natürlich Vorbereitung, um die Kontrolle zu haben. Auf der höchsten Ebene wird Ihre Rede fast von einem höheren Selbst »gechannelt«, ohne dass es einer starren Vorbereitung bedarf. Wenn Ihnen dies zu hoch ist, versuchen Sie, eine Balance zwischen dem Auswendiglernen oder Vorlesen des Skripts und dem Sprechen ohne Skript zu finden. Falls Sie Notizen oder Skripte verwenden, kleben Sie nicht zu sehr daran. Machen Sie immer wieder Pausen zwischen dem Sprechen, schauen Sie immer wieder zu Ihrem Publikum auf, um eine Beziehung aufzubauen.

Es ist einfacher, Ihre Botschaft zu vermitteln, wenn sie von Ihrer Verbindung zu Menschen und Ihrem Enthusiasmus getragen wird, anstatt zu intellektualisieren. Es gibt viele Künstler, Politiker und Aktivisten, die zu schlau für ihr eigenes Wohl sind. Ihr Vortrag ist so mit abstrakten Konzeptualisierungen beladen, dass sich niemand die Mühe macht, zuzuhören. Viel Komplexität kann beweisen, dass Sie sehr schlau sind, aber es wird oft nicht viel für das Publikum tun, es sei denn, dieses Publikum hat eine weit überdurchschnittliche Aufmerksamkeitsspanne. Vereinfachen Sie Ihre Rede, erinnern Sie sich an Ihre Botschaft, indem Sie Bilder, Beispiele und mehrere Kontexte verwenden. Wenn Sie selbst inspiriert sind, können Sie auch das Publikum begeistern.

In einigen meiner Workshops spiele ich ein lustiges Spiel namens »andere Leute verschieben«. Vielleicht möchten Sie es selbst ausprobieren. Das Spiel erfordert zwei Personen, die sich gegenübersitzen. Das Ziel der einen Person ist es, ernst zu bleiben und das Ziel der anderen ist es, sie zum Lächeln oder Lachen zu bringen. Es ist ein Energiespiel, bei dem die Person mit der stärksten Absicht und dem stärksten Fokus gewinnt. Die Person, die den anderen zum Lachen bringen soll, kann sagen oder tun, was sie will. In der Gruppe machten wir jeweils mehrere Runden und die meisten Teilnehmer waren sehr leicht zum Lachen zu bringen, aber einige hielten sich und blieben die ganze Zeit ernst.

Diejenigen, die Humor ausstrahlten, fühlten sich besser, diejenigen, die zum Lachen gebracht wurden, fühlten sich besser, aber auch diejenigen, die ernst blieben, fühlten sich besser, weil sie die Macht spürten, sich nicht von äußeren Einflüssen beeinflussen zu lassen. Die Schlussfolgerung des Spiels war, dass »man einige Leute manchmal verschieben kann, aber nicht alle Leute die ganze Zeit«.

Das Spiel kann so lange gespielt werden, wie Sie es genießen. Lachen garantiert. Sie werden lernen, dass es einfacher ist, die Stimmung von Menschen zu ändern, wenn sie nicht unbedingt ernsthaft beabsichtigen, ernst zu bleiben. Sie können ein guter Redner werden, indem Sie Sprechern nacheifern, die bereits großartig sind. Sie werden wie die Menschen, die Sie bewundern.

Als ich in meinen 20ern war, bereitete ich mich auf meine Seminare vor, indem ich mir stundenlange Audioaufnahmen von Motivationsredner Tony Robbins anhörte. Ich hatte das Gefühl, dass mein Sprechen damals ziemlich langweilig war. Tony Robbins Rede war voller Energie und Begeisterung. Um seinen Mustern, Tonalität und Haltung näher zu kommen, habe ich mir vor und während meiner Seminare einfach seine Reden angehört. Und weil wir zu dem Werden, in das wir eintauchen, wurde meine Rede kraftvoller.

In meinen 30ern änderte sich mein Geschmack und ich hörte stattdessen zahlreichen anderen berühmten Sprechern und Lehrern zu, deren Ton ich bewunderte. Vor einigen meiner letzten Seminare bin ich dazu übergegangen, britische Comedy anstelle von Motivationsgespräche zu hören. Der Grund ist, dass ich gerne mehr Humor in mein Sprechen bringen möchte. Also lade ich stundenlang gute Comedy auf mein Smartphone und höre schon Stunden vor Seminarbeginn zu. Ich ziehe die Ohrstöpsel heraus, wenn ich die Tür des Seminarraums erreiche. Wenn ich so auf Lachen und Heiterkeit eingestellt bin, werde ich diese Stimmung den Leuten mühelos vermitteln und das Publikum wird mehr lachen.

Was auch immer Sie werden möchten, verwenden Sie einfach die Methode, die wir die »Full Immersion«-Methode (vollständiges Eintauchen-Methode) nennen könnten. Wählen Sie jemanden, den Sie bewundern, und sehen Sie ihn an oder hören Sie ihm tage-, wochen- oder monatelang zu. Sie werden ihnen ein bisschen ähnlich. Sobald Sie sich diese Energie »geliehen« haben, können Sie sie dann mit Ihrer eigenen Natur und Ihren Vorlieben synchronisieren. So wird man ein besserer Redner ... oder eigentlich etwas anderes.

Charisma-Training

Das Wörterbuch definiert Charisma als »eine zwingende Attraktivität oder einen Charme, der andere zur Hingabe inspirieren kann«.

Klingt das gut? Dann lassen Sie uns einige Komponenten von Charisma untersuchen:

1. Präsenz

Wenn Sie mit einer Gruppe von Personen in einem Raum sitzen oder stehen, haben Sie entweder Präsenz oder nicht. Wenn Sie diese haben, wird die Aufmerksamkeit der Leute natürlich in Ihre Richtung gelenkt. Wenn Sie keine haben, sind Sie nur eine der Personen aus der grauen Masse, die im Raum sitzen.

Sie können diese magnetische Aura entwickeln, indem Sie selbst präsent werden. Präsent werden heißt »ganz im Hier und Jetzt« sein; bei den Menschen, beim Raum, achtsam auf die Stimmungen der Menschen, achtsam auf das Innere der Räume, achtsam auf den eigenen Körper, achtsam auf die vielfältigen Beziehungen zwischen den Menschen. Je aufmerksamer Sie auf die feinen Nuancen von allem, was im Raum passiert, achten, desto mehr »kontrollieren« Sie den Raum psycho-physisch. Ich habe zahlreiche öffentliche Redner gecoacht und dies war immer der wichtigste Durchbruch – die Entwicklung von Präsenz. Präsenz setzt voraus, dass Sie sich nicht mit anderen Orten, anderen Menschen, anderen Zeiten, Gedankensachen und so weiter beschäftigen. Präsenz wird Ihre Kommunikation in jeder Hinsicht verbessern.

Überprüfen Sie Ihr Telefon? Dann sind Sie nicht anwesend. Versuchen Sie, Ihre eigenen Sorgen zu verbreiten, anstatt zuzuhören, was die Leute sagen? Dann sind Sie nur halb anwesend. Erzählen Sie den Leuten, wie großartig Sie sind? Unterbrechen Sie andere, weil Sie Ihren Standpunkt verteidigen wollen?

Nun, wenn das Unterbrechen anderer oder die Selbstbeweihräucherung aus der Anwesenheit käme, wäre das ein wenig anders, aber so unterbrechen die meisten Leute nicht. Ist man präsent, dann ist man ruhig und ausgeglichen, ein beobachtender Zeuge in einem Meer chaotischer Gedanken, das normalerweise bei Versammlungen vorhanden ist. Ist Ihr Spaziergang gewollt? Sie sind anwesend. Kommentieren Sie die neue Frisur von jemandem? Überlegen Sie, bevor Sie sprechen? Dann sind sie anwesend.

2. Ton und Stimme

Stimmtraining und Flexibilität in Ihrem Ton sind ein wesentlicher Bestandteil, um Meetings, Gespräche und Präsentationen zu steuern und zu leiten. Der Ton, in dem Sie etwas sagen, ist oft auch wichtiger als die verwendeten Wörter. »Hallo«, kann zum Beispiel freundlich oder unfreundlich gesagt werden. Ton ist die Trägerwelle einer Absicht.

Richtiges Atmen verbessert den Ton und die Stimme Ihrer Sprache und macht sie besser anpassbar. Wenn Sie präsenter werden, werden Sie in der Lage sein, Ihre Stimme und Ihren Tonfall an die der Personen anzupassen, mit denen Sie sprechen (und Sie werden auch das Vokabular verwenden, das am besten zu Ihrem Gesprächspartner passt). Je wohler und selbstbewusster Sie sich in einer Gruppe oder vor einer Gruppe oder mit einer anderen Einzelperson fühlen, desto mehr wird sich Ihre Stimme verbessern und wirken. Hier geht es darum, Ihre Verspannungen bewusst zu lösen.

3. Aussehen

Nehmen Sie sich morgens eigentlich die Zeit, um gut auszusehen? Wenn Sie sich angewöhnt haben, »alles zu tragen«, kann dies Ihre Ausstrahlung beeinträchtigen. Auf der anderen Seite, wenn die Leute bemerken, dass Sie achtsam mit Ihrer Kleidung umgehen, gehen sie automatisch davon aus, dass Sie auch mit anderen Dingen achtsam sind. Nehmen Sie sich auch die Zeit, um Ihr Gesicht und Ihr körperliches Aussehen zu verbessern. Frauen können das besser als Männer, wie es scheint. Als Mann könnte man sich zum Beispiel zumindest die Haare in Nase und Ohren kürzen. Reinigen Sie sich und tuen Sie alles, was Sie können, um das Optimum aus Ihrem Typ zu machen. Dadurch wird es Ihnen leichter fallen, sich besser zu fühlen, was sich wiederum auf Ihre Energie-Aura auswirkt.

4. Seien Sie körperlich

Werden Sie ein physisches Wesen, das eine körperliche Disziplin ausübt. Leben Sie Ihr Leben nicht in Ihrem Kopf. Mögen Sie Sport, Workout, Yoga, Radfahren, Natur, Wasser, Luft? Je mehr Sie sich auf die physische Realität einstimmen, desto besser wird Ihre Verbindung zu ihr (und damit zu anderen). Wenn Sie mit Ihrer Körperform zufrieden sind, steigt Ihre Ausstrahlung.

5. Seien Sie kompetent und sachkundig

Lernen Sie stetig dazu. Machen Sie sich mit einer Vielzahl von Themen und Kommunikationsmitteln vertraut. Langweilen Sie die Leute nicht, indem Sie über das Wetter reden. Können Sie Shakespeare rezitieren oder japanisch sprechen? Können Sie die Nuancen des italienischen Weins schmecken? Wissen Sie, welche Musikgruppen bei Teenagern im Trend liegen? Kennen Sie die neuesten Internet-Erfindungen?

Der Punkt ist, entfremden Sie sich nicht von dem, was passiert, damit Sie sich mit den Menschen identifizieren können, die Sie treffen. Seien Sie auch in einigen Dingen Experte. Das zeigt sich subtil in Ihrem Energiefeld.

6. Seien Sie fröhlich

Freudlos zu sein und nie zu lachen ist nur eine Angewohnheit. Sie können diese Angewohnheit brechen, indem Sie sich bewusst bemühen, mehr zu lachen und zu lächeln. Sie können irgendwo eine Merkkarte aufhängen, die Sie daran erinnert, öfter zu lächeln oder zu lachen. Um öfter mit Fremden zu sprechen. Um sich öfter zu öffnen. Unnötig zu erwähnen, dass jeder dieser Schritte für sich genommen Ihr Charisma steigert.

Die Macht der Stimme

Eine Stimme kann Glas zerschmettern oder den emotionalen Schmerz einer Person lindern, kann erheben oder niederziehen. Ich habe in den letzten Jahren Tausende von Audios aufgenommen und dabei gelernt, dass meine Stimme als Träger der Botschaft genauso wichtig ist wie die Botschaft selbst. Wenn ich einen »Guten Stimme Tag« hatte, bekam ich positives Feedback zu meinen Aufnahmen, wenn ich einen »schlechten Stimme Tag« hatte ... bekam ich kein Feedback. Also fing ich an, dafür zu sorgen, dass meine Stimme »richtig gestimmt« war, bevor ich eine Aufnahme für jemanden machte.

Um meine Stimme zu stimmen, atme ich ein paar Mal tief durch; das reicht meistens. Wenn mehr Stimmung benötigt wird, singe ich ein Lied. Wenn noch mehr benötigt wird, mache ich Oberton-Gesänge. Ich wurde oft von Studenten, die meine Stimme mögen, gefragt, »wie ich sie so hinbekommen habe« und »was ich tue, um sie zu trainieren«. In der Vergangenheit konnte ich die Frage nicht beantworten, weil ich nicht bewusst trainierte. Ich stimmte mich damals nicht vor Vorlesungen und Seminaren ein. Sie fragen sich vielleicht, warum: Weil ich vor Publikum von Natur aus mehr Energie habe als beim zu Hause herumsitzen. Dort ist kein Stimmtraining nötig, denn der innere Zustand erzeugt auf natürliche Weise eine angenehme Stimme. Wir Menschen sind typischerweise »der Gelegenheit gewachsen«. Zu Hause ist keine außergewöhnliche Stimme erforderlich, daher ist sie nicht verfügbar. Daher ist manchmal ein Sprachtraining erforderlich, bevor ein Audio aufgenommen wird. Auch bei öffentlichen Vorträgen wird die Stimme umso besser, je mehr Sie sprechen. Normalerweise brauchen wir etwas Zeit, um »in den Flow zu kommen«.

Da mich die Leute immer wieder fragen, habe ich über all das ein wenig nachgedacht. Meine grundlegendste Art zu sprechen, wenn ich Meditationen vortrage oder aufzeichne und im Coaching, ist in einem Bogen wie folgt:

Im Normalfall achte ich darauf, dass ich vor dem Sprechen genug Luft habe. Der Atem macht Ihre Stimme voller und resonanter. Ein Mangel an richtiger Atmung kann dazu führen, dass sie hoch und zu eng wird. Am Ende eines Satzes oder nach mehreren Sätzen wird meine Stimme oft leiser. Ich mache eine Pause, dann beginnt der nächste Bogen. Am Ende tiefer zu gehen, klingt selbstbewusster und angenehmer. Das Einlegen von Pausen gibt dem Gesagten tendenziell mehr Gewicht und lässt etwas Raum zum Nachdenken. Menschen, die in einer geraden Linie ohne Bögen und ohne Pausen sprechen, neigen dazu, ihr Publikum schläfrig zu machen. Es ist auch ein häufiger Fehler öffentlicher Redner, zu schnell zu sprechen.

Natürlich spreche ich nicht immer mit diesem Bogen. Ohne Abwechslung und bewusste Veränderung kann alles langweilig werden. Das obige Bild zeigt lediglich die stabile Basis, von der aus ich Änderungen vornehme. Wenn ich Fragen stelle, ist der Bogen umgekehrt, die Stimme steigt am Ende. Manchmal mache ich keine Pausen, mache längere Pausen, beschleunige, verlangsame, ändere die Stimme oder ändere den Ton. Dies sorgt für eine unterhaltsamere Sprache (während zu viel Abwechslung Verwirrung stiftet). Diese Veränderungen in Tempo und Tonfall weisen darauf hin, dass ein Sprecher seinen eigenen Zustand »bewusst unter Kontrolle« hat.

Ein Ratschlag an alle öffentlichen Redner: Versuchen Sie nicht, den Zustand des Publikums zu kontrollieren. Versuchen Sie, sich zu äußern, ändert sich auch Ihr emotionaler Zustand.

Als ich jünger war, habe ich einige Zeit als Englischlehrer gearbeitet und dieses Prinzip auch angewandt. Nachdem im Kontext einer Geschichte neue Vokabeln eingeführt wurden, las ich die Wörter laut vor und ließ die Schüler mir nachlesen. Mit der Zeit fing ich an, die Wörter in verschiedenen Akzenten, Stimmungen und Stimmen zu lesen. Ich bemerkte, dass dies die Lernfähigkeit der Schüler verbesserte, weil es eine Energieverschiebung in den Raum brachte. Seitdem wende ich den »Stimm-Wechsel« an, wenn ich entweder meine eigene Stimmung oder die eines Publikums verändern möchte. Wenn Sie sich niedergeschlagen fühlen, haben Sie normalerweise eine Stimme, die dazu passt. Wenn Sie Ihr »Niedergeschlagenheitsgefühl« ändern möchten, versuchen Sie, wie jemand zu sprechen, der energisch und lautstark ist, und Sie werden bald bemerken, dass Ihre Emotionen Ihrer neuen Stimme folgen.

Es gibt Stimmen, die uns ärgern, weil sie auf einer ganz anderen Frequenz als unserer gesprochen werden. Ich spreche hier nicht nur von der Schallfrequenz, sondern auch vom Bewusstseinszustand. Diese Zustände sind nicht »besser oder schlechter«. Viele bestehen darauf und fragen mich ständig, wie man ein »höheres Niveau« erreicht. Ich habe jedoch das Gefühl, dass jede Ebene einen bestimmten Zweck hat. Ein Golfspieler hat verschiedene

Golfschläger für unterschiedliche Zwecke und wählt den passenden aus. Das macht einen bestimmten Golfschläger nicht »besser oder schlechter«. Jedenfalls ist jede Bewusstseinsebene mit bestimmten typischen Überzeugungen, Vorlieben, Zielen, Gerüchen, Orten, Berufungen verbunden … und sogar mit bestimmten typischen Stimmen und Intonationen.

Wenn Sie die Stimme von jemandem hören, der radikal anders ist als Sie gerade sind, mögen Sie die Stimme vielleicht nicht. Wenn ich mir zum Beispiel einen Film anschaue, finde ich keine der Stimmen anstößig, aber wenn ich meditiere und höre, wie sich jemand in einem anderen Raum den Film ansieht, empfinde ich vielleicht dieselben Stimmen als schrecklich.

Ich lebe in Europa, reise aber regelmäßig ins Ausland und jedes Mal merke ich einen ziemlichen Unterschied zwischen der durchschnittlichen europäischen Stimme und der durchschnittlichen amerikanischen Stimme. Mein Europäisch-Ohr empfindet eine besondere Variante der amerikanischen Stimme, bekannt als »uptalking« oder »Dorfmädchen-Stimme«, als leicht nervig. Uptalking ist, wenn das Ende eines Satzes eher wie eine Frage als eine Vervollständigung intoniert wird. In den letzten Jahrzehnten hat sich diese Art des Sprechens in den USA verbreitet. Ursprünglich waren es hauptsächlich amerikanische Frauen, die so sprachen, aber man hört auch immer mehr Männer, die es tun. Wenn also jemand sagt »Ich bin ein guter Schwimmer«, klingt es wie eine Frage: »Ich bin ein guter Schwimmer?« Es lässt den Sprecher verunsichert klingen oder so, als ob er versucht, die Aufmerksamkeit des Zuhörers auf sich zu ziehen, anstatt eine Aussage zu vervollständigen. Es dauert ein paar Tage in Amerika, bis ich mich wieder daran gewöhnt habe und dies mich nicht mehr stört.

Manche Ausländer betrachten die »Uptalking«-Stimme als Hinweis darauf, dass jemand dumm ist. Und obwohl das sicherlich manchmal der Fall ist, habe ich festgestellt, dass die meisten Uptalker es einfach aus Gewohnheit machen – denn damit sind sie aufgewachsen, so sprechen die Leute in ihrer Umgebung. Es hört oft auf, dumm zu klingen, wenn man sich an die Frequenz gewöhnt hat.

Wenn ich nach Wochen oder Monaten nach Europa zurückkehre, klingen die Stimmen dagegen harsch, kalt und hart (Ausnahmen: Italien und Frankreich, die meist melodiös klingen, egal wer spricht). Es dauert also ein paar Tage, bis ich mich an die Frequenz gewöhnt habe. Global gesehen genießen bewusste Menschen es, ihren Tonfall zu ändern. Sie werden also weder ständig hoch noch tief sprechen, und nicht einmal weich oder hart. Sie haben eine der Situation angemessene Stimme.

An einige Frequenzen werde ich mich vielleicht nie gewöhnen: Im Sommer schlafe ich bei offenem Fenster und jeden Montag um sechs Uhr kommen Müllsammler vorbei und schreien aus irgendeinem Grund herum und wecken mich aus meinem süßen und glückseligen Schlaf. Es ist schwierig, die Vibrationszustände des »erholsamen Schlafs« mit dem Geschrei der Leute zu synchronisieren. Ich habe mich oft gefragt: Worüber schreien sie? Es ist nicht so, als würde das Sammeln des Mülls viel Kommunikation erfordern.

Eine andere Sprechtechnik, die ich unbewusst eingesetzt habe, ist die Stimmbetonung. Dies sind einige Beispiele dafür, wie Betonung die Wirkung dessen, was ist, vollständig verändern kann: »Ich bin mit dem neuesten Feedback unseres Kunden zufrieden.«

Sehen wir uns nun an, wie sich die Bedeutung dieses Satzes je nach Intonation ändert:

»**Ich** bin mit dem aktuellen Feedback unseres Kunden sehr zufrieden.«

»Ich bin mit dem aktuellen Feedback unseres Kunden sehr **zufrieden**.«

»Ich bin mit dem aktuellen Feedback unseres **Kunden** sehr zufrieden.«

»Ich bin mit dem **aktuellen** Feedback unseres Kunden sehr zufrieden.«

»Ich bin mit dem aktuellen Feedback unseres Kunden **sehr** zufrieden.«

Sie können sehen, wie sich die gesamte Stimmung und der Kontext durch leichte Veränderungen in der Stimme ändern. Oftmals können solche subtilen Veränderungen eine Quelle der Belustigung sein, wenn die Leute subtile Nuancen wahrnehmen, die kommuniziert werden, ohne dass es gesagt wird.

Wenn ich sehr wichtige Punkte mache, verlangsame ich normalerweise das Tempo. In meinem letzten Seminar habe ich gesagt: »Ihr Selbstbild, Ihr Selbstverständnis bestimmt Ihren Erfolg im Leben.«

Beachten Sie hier, dass ich das nicht so gesagt habe, wie es hier geschrieben steht. Ich wurde langsamer und baute mehrere kleine Pausen ein, wie folgt: »IHR SELBSTBILD ... Die Art und

Weise, wie Sie ... **sich selbst sehen** ... bestimmt Ihren Erfolg im Leben.«

Was all diesen Veränderungen der Stimme, des Tempos und der Betonung zugrunde liegt, ist, bewusst zu sein. Sie lassen Ihre Stimme einige Zeit unbewusst nachlaufen und implementieren dann, um Veränderungen einzuleiten, Bewusstsein. So funktioniert das Leben übrigens auch am besten. Sie lassen das Leben fließen und laufen für einige Zeit mühelos auf Automatik, aber wenn die Dinge aus dem Ruder laufen, gewinnen Sie die bewusste Kontrolle über Ihre Realität zurück.

06: DIE GEGENWART

Attraktivität und Einfluss werden nicht nur durch Aussehen und Status bestimmt, sondern auch durch den Bewusstseinszustand. Wenn Sie den Raum betreten oder durch die Straßen gehen, drehen sich die Köpfe nicht wegen Ihrem Ruhm und Ihrer Schönheit herum, sondern auf Grund Ihres Energiefeldes. Auch wenn Sie nicht mit gutem Aussehen, schlankem Körper oder Ruhm gesegnet sind, können Sie eine Aura entwickeln, bei der die Leute sagen: »Ich weiß einfach nicht, was es ist ... sie hat etwas an sich.«

Solch ein Magnetismus ist eine spirituelle Eigenschaft, die Ihnen helfen kann, Geschäftssituationen zu beherrschen, einen Flirt zu erzielen, Vorträge zu halten und Dinner-Zusammenkünfte zu unterhalten.

Um Präsenz zu erfahren, nehmen Sie Kontakt mit dem auf, was jetzt hier vor sich geht. Ihre Gedanken wandern nicht in irgendeiner Geschichte über die Vergangenheit oder Zukunft herum, sondern in dem, was in Ihrer gegenwärtigen Umgebung vor sich geht. Wenn Sie in einem Meeting sitzen und Ihre Gedanken abschweifen, ist das in Ordnung, aber wenn Sie anderen gegenüber präsenter erscheinen möchten, müssen Sie Ihre Aufmerksamkeit wieder auf den Raum lenken, in dem Sie sich befinden. Anstatt woanders sein zu wollen, gilt Ihre Aufmerksamkeit ganz den Menschen um Sie herum. Aufmerksamkeit ist extrovertiert und hochinteressiert. Der Körper ist nicht angespannt, der Geist macht sich keine Sorgen, Sie sind vollkommen entspannt. Das ist ein guter Ausgangspunkt für diese besondere Aura namens »Präsenz«. Die Leute erkennen dann, dass Sie ganz und gar hier sind … mit all Ihren Teilen. Sie erfüllen den Raum mit Präsenz.

In verschiedenen sozialen Situationen hindern Spannungen Menschen daran, anwesend zu sein. Sie interessieren sich mehr dafür, was andere über sie denken oder wie sie aussehen als für den gegenwärtigen Moment. Wenn Sie solche Überlegungen loslassen und Ihre Muskeln beim Ausatmen entspannen, können Sie Verspannungen lösen und präsenter werden.

Die Übertreibung der Bedeutung einer Situation kann auch zu unnatürlichen Spannungen führen. Wenn Sie im Flugzeug ein Gespräch mit Scarlett Johannson oder George Clooney beginnen, neigt der Verstand dazu, mehr Bedeutung in diese Begegnung hinein zu projizieren, als ob Sie einem »normalen« Fremden begegnet wären. Das Ego kann dann erscheinen und die Präsenz geht verloren. Während Sie Ihre Treffen mit anderen Menschen als wichtig ansehen, ist es nicht notwendig, zu viel Ernsthaftigkeit zu unterdrücken. Wenn ich mit Prominenten spreche, reduziere ich, um die Spannung zu reduzieren, einfach ihre Bedeutung in meinem Kopf, indem ich mir ihre normal-menschlichen Seiten vorstelle, nicht die von Hollywood projizierte Seite. Ich kann sofort eine Beziehung zu ihnen aufbauen und mit ihnen sprechen, als würde ich mit einem alten Freund sprechen.

Beachten Sie, wie leicht Ihre Aufmerksamkeit nach innen wandert, auf Gedankengeschichten und weg von außen. Das ist ganz natürlich, nicht etwas, das Sie kontrollieren oder überwinden müssen. Für Präsenzzwecke können Sie jedoch lernen, die Aufmerksamkeit bei Bedarf zu extrovertieren. Wenn Sie mit jemandem sprechen und nach innen gehen oder gedankenverloren werden, ist es, als hätten Sie die Verbindung unterbrochen und andere können das spüren.

Anstatt intern mögliche Vor- oder Nachteile der Begegnung abzuwägen, seien Sie einfach bei der anderen Person anwesend. Lassen Sie zum Zweck der Präsenz alle Erwartungen los, und das schließt projizierte Erwartungen ein. Eine »projizierte Erwartung« ist eine Erwartung, von der Sie lediglich glauben, dass jemand diese von Ihnen hat.

Die Wahrheit ist, dass Sie nicht wirklich wissen, welche – wenn überhaupt – Erwartungen andere an Sie haben. Es ist nur der Verstand, der alle möglichen Verdächtigungen und Szenarien erschafft.

Lassen Sie alles los und kommen Sie zurück in die Gegenwart. Lassen Sie alles los, was Sie zu wissen glaubten und seien Sie einfach bei dem, was IST.

Bewegen Sie sich weniger, langsamer und bewusster. Hören Sie auf zu zappeln, mit den Füßen zu wippen, sich zu kratzen, nervöse Gesten zu machen. Hören Sie auf, in Ihrem Sitz hin und her zu schaukeln. Hören Sie auf, ständig hin und her zu gehen oder so zu tun, als wären Sie mit etwas beschäftigt. Hören Sie auf, mit Gegenständen auf dem Tisch zu spielen. Nicht im Allgemeinen, aber für die Zeiten, in denen Sie Ihre Präsenz erhöhen möchten. Unbeweglich oder weniger bewegend zu sein bedeutet, dass Sie eine bewusste Kontrolle über sich selbst haben – was eine bewusste Kontrolle über Ihre Realität impliziert.

Als Teenager habe ich das mehrmals in Disco- und Clubumgebungen ausprobiert. Ich habe entweder getanzt oder habe reglos dagestanden, aber offen. Freunde von mir gingen hin und her, reagierten auf jeden Impuls. Stabilität ist magnetisch, deshalb haben sich früher oder später Leute um mich versammelt und versucht, Gespräche zu führen.

Es gibt einen großen Unterschied, ob man sich nicht bewegt, weil man schüchtern ist, oder sich aus einem Zustand der Präsenz heraus nicht bewegt. Letzteres strahlt Kraft aus. Es gibt auch einen Unterschied zwischen »bewegen, weil man nervös ist« oder »bewusst bewegen« und zwischen »schweigen, weil man Angst hat« oder »schweigen aus Ruhe«. Das eine stößt ab, das andere zieht an.

Wenn Sie ein Date haben, ist die Art und Weise, wie Sie Ihre Hände benutzen, ein Hinweis darauf, wie Sie ihn oder sie behandeln. Achten Sie darauf, wie Sie Gegenstände wie den Tisch, den Mantel, das Glas, das Messer und die Gabel, die Tür usw. berühren und handhaben. Indem Sie gegenwärtig sind, akzeptieren Sie das, was ist, so wie es ist. Es gibt keine Besorgnis darüber, was passieren, was nicht passieren könnte, was passieren muss, oder darf.

Es wird nicht versucht, etwas loszuwerden, etwas zu heilen, etwas zu lösen oder etwas zu verändern. All diese Dinge führen Sie von der Präsenz weg. Sie suchen auch nicht danach »das Richtige zu tun oder zu sagen«, denn was »das Richtige zu tun oder zu sagen« zeigt sich von Moment zu Moment auf natürliche Weise. Das könnte etwas ganz anderes sein als das, was gestern richtig war oder gesagt wurde. Schließlich wächst Ihre Präsenz noch mehr, wenn Sie Zustände ausstrahlen wie:

- Interesse
- Respekt
- Anerkennung
- Dankbarkeit
- Staunen
- Ehrfurcht
- Liebe

Stille Ausstrahlung bringt die Leute zum Lachen

Was nun folgt, ist eine sehr energiereiche Übung, bei der Sie sich grundlegend zum Besseren verändert fühlen. Gehen Sie in einen Park oder ein Café und planen Sie, dort zu sitzen und stundenlang die Leute zu beobachten. Es sollte ein Ort sein, an dem Sie Hunderte von Menschen pro Stunde sehen können, einige vorbeigehen, einige stehend, einige sitzend. Beabsichtigen Sie, dort mehrere Stunden mit unendlicher Geduld zu sitzen. Wenn Sie in einem Café sitzen, möchten Sie vielleicht nach ein oder zwei Stunden das Café wechseln oder auf eine Bank wechseln, um den Verdacht der Kellner nicht zu erregen.

Beginnen Sie diese Meditation, indem Sie die Aufmerksamkeit nach außen richten und großes Interesse an den Menschen haben, die vorbeigehen. Richten Sie Ihre Aufmerksamkeit ausschließlich auf alles, was dort draußen ist und achten Sie nur sehr wenig auf sich selbst oder Ihre Anliegen. In den nächsten Stunden sind Sie nicht wichtig, nicht interessant, jetzt sind Sie nicht der Mittelpunkt der Welt. Andere Leute sind das. Schauen Sie sich ihre Gesichter an, ihre Kleidung, ihre Manierismen, hören Sie genau auf ihre Stimmen und Worte, studieren Sie ihr Verhalten.

Seien Sie mehr an der Welt da draußen interessiert als je zuvor in Ihrem Leben, aber bleiben Sie dabei entspannt. Es gibt keine Anstrengung, Erwartung oder harte Konzentration. Sie werden feststellen, dass jede Art von Erwartung, die Sie entwickeln (z. B. wenn Sie möchten, dass eine bestimmte Person Ihren Blick erwidert), Ihren Fluss unterbricht. So sehen Sie Menschen ohne Druck, ohne Lust, ohne Widerstand – völlig kostenlos. Sie werden einen gewissen Widerstand gegen bestimmte Leute bemerken. Wenn dies der Fall ist, können Sie Ihre Aufmerksamkeit entweder auf eine andere Person lenken oder sie loslassen und sich stärker auf diese Person konzentrieren. Reduzieren Sie das bevorzugte Suchen bis zu einem gewissen Grad. Es wird immer natürliche Vorlieben für eine Person im Vergleich zu einer anderen geben, aber Sie versuchen, die Etikettierung etwas zu reduzieren, um nicht von der Meditation abgelenkt zu werden.

Machen Sie sich keine Sorgen, dass die Leute Sie für seltsam halten, weil Sie diese lange ansehen. Sie werden lernen, dass die meisten Menschen sich dessen nicht einmal bewusst sind. Besonders in belebten Städten (wo Sie diese Übung machen sollten) werden die Menschen einfach vorbeigehen, ohne Sie zu bemerken. Manche Menschen, die sich anderer Dinge als sich selbst bewusst sind (was selten vorkommt!) werden bemerken, dass sie angesehen werden, aber sie werden in Bewegung bleiben. Und dann gibt es einige Leute, die das Lächeln erwidern oder die Wertschätzung zurückgeben. Sie werden vielleicht feststellen, dass dies oft ältere Menschen sind, die nicht mehr im Gefängnis des Egos festsitzen, sondern tatsächlich daran interessiert sind, was um sie herum passiert.

Zu Beginn Ihrer Meditation empfinden Sie vielleicht Wertschätzung gegenüber den vorbeigehenden Menschen oder auch nicht. Erzwingen Sie dies nicht. Die Wertschätzung stellt sich nach einiger Zeit von selbst ein. Sie behalten einfach großes Interesse an allen Passanten. Sie sind nicht auf eine Person fixiert, sondern behalten die freie Aufmerksamkeit. Ab und zu untersuchen Sie die Personen, die in Ihrer Nähe sitzen oder stehen. Manche Menschen untersuchen Sie für ein paar Minuten, die meisten für ein paar Sekunden. Wenn Ihre Geduld und Entspannung zunehmen, wird Ihre Liebe zunehmen und Sie werden eine Veränderung in Ihrem Zustand bemerken, die von Stunde zu Stunde stärker wird. Sie sehen die Menschen jetzt so, wie die Seele sie sieht.

Wenn Sie sich weiterhin für die Welt und ihre Menschen interessieren, werden Sie nicht nur alles über den Menschen lernen, sondern auch auf einer höheren Frequenz strahlen. Die Leute werden Sie anders wahrnehmen. Sie werden anfangen zu lachen. Seien Sie nicht überrascht, wenn Sie selbst ohne ersichtlichen Grund anfangen zu lachen und die Leute um Sie herum anfangen, Sie auf eine seltsame Weise anzusehen; Sie werden die komödiantische Heiterkeit des menschlichen Zustands sehen.

Das letzte Mal, als ich das tat, saß ich in einem Sushi-Restaurant an der Straße an der North Michigan Avenue in Chicago. Nach ungefähr zwei Stunden Sitzen begannen die Leute, die an der Sushi Bar vorbeigingen und meinen Zustand bemerkten, selbst zu lächeln und zu lachen. Ich sah, dass einige das Restaurant betraten, um sich in meine Nähe zu setzen. Der Kellner war bei meinem Sitzen ungeduldig geworden, kam zu mir und sagte: »Wollen Sie noch etwas, Sir?«

Ich sah ihn an und er zog sofort ein Lächeln auf sich, das ein Lachen unterdrückte. Ich schaute zu einem anderen Tisch hinüber und zog sofort ein Lächeln auf mich.

Die Menschen erkennen höhere Bewusstseinszustände und wenn Sie in diesem Zustand sind; Ihr bloßer Blick kann die Leute zum Lachen bringen.

Sie werden feststellen, dass sich Ihr Zustand nach Abschluss der Übung möglicherweise wieder normalisiert … aber er wird nicht mehr ganz so tief wie vor dem »Sitzen und Schauen« sein. Das Lächeln, das aus dieser Übung entsteht, ist kein erzwungenes oder falsches Lächeln. Es braucht nicht einmal Ihr Gesicht, um mitzumachen. Es ist ein inneres Strahlen und Leuchten, das jeden, der es sieht, zum Lachen bringt.

Erweiterte Präsenz

Ist es nicht ironisch, dass computerbasierte Produkte wie »Google Glasses«, die unsere Wahrnehmung und Präsenz verringern, »Augmented Reality« (erweiterte Realität) genannt werden? Sie sollten eher »Decreased Reality« (verminderte Realität) heißen.

Echte Augmented Reality ist, wenn Sie aufwachen und an dem teilnehmen, was gerade passiert. Ein abgelenkter und beschäftigter Geist sorgt nicht für Präsenz. Volle Präsenz hat viel mit Wohlbefinden und Energie zu tun. Wenn Sie sich zum Beispiel wirklich einer Aufgabe widmen, hören die Vergangenheit und die Zukunft auf zu existieren – und damit endet alle Sorge. Vollständig präsent zu sein ermöglicht es Ihnen, die Realität zu spüren, wie sie sich entfaltet, sich in sich selbst und andere einzufühlen und den Tag wirklich zu nutzen.

Die reduzierte Realität ist tatsächlich weiter verbreitet als allgemein bekannt. Gestern ging ich Lebensmittel einkaufen und beschloss, dies in einem völlig präsenten Zustand zu tun. Ich extrovertierte meine Aufmerksamkeit und ließ alle Wünsche oder Erinnerungen an anderswo los. Ich wurde mir der anderen voll bewusst und nahm sie mit ruhigem Interesse zur Kenntnis. Beim Berühren von Waren fühlte ich ihre Textur und ging vorsichtig mit ihnen um.

Dies führte natürlich dazu, dass die Realität wirklich erweitert wurde und aufleuchtete. Farben wurden schöner und das ganze Supermarkt-Erlebnis somit angenehmer. Plötzlich begann dieser Supermarkt jedoch, den neu aufgelegten Song »American Pie« von Madonna zu spielen, was bei mir schnell und einfach einen Verlust von Präsenz auslöste. Nun, die Präsenz ging nicht ganz verloren, denn ich konnte sehen, was der Verstand gerade tat.

Der Song hat mich von der Gegenwart weggebracht und mich zurück ins Jahr 2000 geworfen, in eine Zeit, als der Song veröffentlicht und überall gespielt wurde. Erinnerungen an das, was ich im Jahr 2000 tat, kamen hoch und meine Gedanken begannen dort herumzuwandern. Ich habe damals ziemlich langweilige Seminare für die Firma Siemens geleitet. Ich habe diese Seminare nicht sehr genossen, daher hat der Song einige dieser Emotionen ausgelöst (und ich mochte den Song auch nicht).

Ein solcher »Präsenzverlust« kommt oft vor. Ich würde sagen, dass wir die meiste Zeit nicht vollständig präsent sind. Manchmal werden wir durch externe Auslöser, wie zum Beispiel dieses Lied, aus dem Hier- und Jetzt weggerissen. Um die konditionierte Reaktion zu brechen, könnte man beschließen, nicht mehr jedes Mal an diese Tage zu denken, wenn das Lied gespielt wurde. Oder man könnte beschließen, es mit etwas anderem zu verbinden.

Erinnerungen spielen sich nur im Kopf ab, wenn man glaubt, dass der gegenwärtige Moment weniger interessant oder intensiv ist als der vergangene Moment. Wenn die Erinnerungen / Emotionen also zu intensiv gewesen wären, müsste ich in der Gegenwart etwas Interessanteres suchen, etwas oder jemanden unwiderstehlich Schönes.

Wenn Ihr Präsenzverlust sehr stark wäre, könnten Sie kaltes Wasser über Ihr Gesicht spritzen, was sofortiges Bewusstsein der Gegenwart injizieren würde und die unruhigen Emotionen nachlassen würden. (Wollen Sie schmerzhafte Emotionen schnell loslassen? Zurück in die Gegenwart!)

Oder ich könnte den Lauf einer Waffe an Ihren Kopf halten, der Sie sofort in die Gegenwart bringen würde. Ich mache natürlich Witze, ich würde Ihnen keine Waffe an den Kopf halten, aber ich mache keine Witze über Gefahrensituationen, die Sie zu schneller

Präsenz wachrufen. Jede Situation von großer Gefahr oder großer Schönheit induziert Präsenz. Manchmal schickt uns unser Höheres Selbst Unfälle, um uns zu mehr Präsenz zu rufen. Es müsste uns keine Unfälle schicken, wenn wir von vornherein präsenter wären.

Was Sie zu verbergen versuchen, wird verstärkt

Wenn Sie ein Date mit einem potenziellen Partner haben und versuchen, Ihre pummeligen Oberschenkel zu verstecken, können Sie sicher sein, dass diese bemerkt werden. Wenn Sie vor potenziellen Investoren eine Präsentation halten und Angst haben, bestimmte Statistiken preiszugeben, können Sie sicher sein, dass jemand danach fragt. Wenn Sie im Urlaub sind und befürchten, dass jemand, den Sie kennen, Sie im Badeanzug sieht, wird es wahrscheinlich passieren. Wenn Sie bei einem Vorstellungsgespräch sind und versuchen, Ihre Unwissenheit über etwas zu verbergen, wird Ihre Unwissenheit erkannt und größer, als hätten Sie sie einfach zugegeben. Wenn Sie sich Sorgen machen, abgelehnt zu werden, werden Sie es sehr oft. Wenn Sie sich vehement dagegen sträuben, verurteilt zu werden, werden Sie hart beurteilt. Wenn Sie unter Freunden sind und die Erwähnung eines bestimmten Themas tabuisieren, werden sie es immer wieder zur Sprache bringen und sich darüber lustig machen.

Umgekehrt gilt es auch: Denn wenn Sie ein Thema nicht zur Sprache bringen, werden Sie trotzdem weiter darüber nachdenken. Wenn Sie große Angst haben, vor anderen unbeholfen zu erscheinen, werden Sie genau dies gespiegelt bekommen. Wenn Sie es um jeden Preis vermeiden wollen, langweilig zu sein, werden

Sie langweilig erscheinen. Was immer Sie zu verbergen versuchen, wird verstärkt.

Viele der Coaching-Anfragen, die ich von Menschen erhalte, beziehen sich auf die Überwindung von Steifheit in sozialen Situationen. Viele möchten sich weniger gestelzt, künstlich, angespannt, verlegen und selbstbewusst fühlen. Der Schlüssel zur Überwindung Ihrer Angst vor Fehlern besteht darin, sich selbst zu erlauben, Fehler zu machen. Der Schlüssel, um die Langeweile zu überwinden, besteht darin, furchtbar langweilig zu sein.

Fühlen Sie Widerstand gegen etwas, wird es angezogen. Bevor Sie ein wichtiges Meeting oder einen wichtigen Termin haben, können Sie zunächst feststellen, dass im Bewusstsein der Unendlichkeit nichts wichtig ist. Aus einer unendlichen Perspektive können Sie weder etwas besitzen noch etwas loswerden, weil alles Teil eines unendlichen Feldes ist. Da Sie also weder etwas haben noch verlieren können, brauchen Sie sich um nichts zu kümmern.

Sehen Sie, etwas zu haben oder zu verlieren, etwas zu besitzen oder loszuwerden, impliziert ein begrenztes Universum. Wenn das Universum unbegrenzt ist, können Sie nichts außerhalb des Universums platzieren, also können Sie es nicht loswerden. Sie können dem Universum auch nichts hinzufügen, Sie können es nämlich nicht besitzen. Alles ist schon da, war schon immer, wird immer sein. Dieses einfache metaphysische Verständnis hat die Macht, Sie von jedem Problem zu befreien.

Wenn Sie sich in sozialen Situationen unwohl fühlen, liegt dies wahrscheinlich daran, dass Sie andere Menschen stark verurteilen. Weil Sie die Menschen unbewusst verurteilen, denken Sie, dass Sie verurteilt werden. Die meisten Menschen sind jedoch selbst zu beschäftigt oder zu unbewusst, um Sie zu beurteilen. Fast niemand beurteilt Sie tatsächlich. Sie verurteilen sie, und dann beginnen Sie, in deren Gegenwart schüchtern zu sein. Wenn Sie sich also in der Gegenwart anderer freier und leichter fühlen möchten, hören Sie auf, Menschen zu beurteilen, und hören Sie auf, vorweg anzunehmen, was sie von Ihnen denken. Die wenigsten denken an Sie. (Wenn Sie möchten, dass die Leute an Sie denken, denken Sie zuerst an sie). Da das, warum Sie sich widersetzen, bestehen bleibt, lassen Sie es los, die Zustimmung anderer einzuholen. Die Leute haben das Recht, Sie zu missbilligen. Wenn Sie denken, dass die Leute Sie nicht missbilligen oder kritisieren dürfen, sind Sie wie ein kleiner Diktator, der sich der Gedanken- und Meinungsfreiheit widersetzt. Was immer Sie zu verbergen versuchen, wird verstärkt. Wenn Sie also versuchen, das Recht der Menschen, Sie zu kritisieren, unterdrücken, werden sie ins Gesicht und hinter Ihrem Rücken permanent kritisiert. Wenn Sie der Meinung sind, dass andere nicht schlecht von Ihnen denken sollten … ist es Ihnen wirklich wichtig, ihre Gedankenfreiheit zu zensieren?

Das ist eine interessante Art, es zu sehen, nicht wahr? Viele Menschen sind heimlich totalitäre Diktatoren, ohne es zu bemerken. Geben Sie auf, sich der Missbilligung anderer zu widersetzen. Akzeptieren Sie, dass Ihnen niemand Anerkennung schuldet, dass Ihnen niemand Liebe schuldet oder dass Ihnen niemand eine Erklärung seiner Gedanken schuldet. Wenn Sie aufhören, sich der Ablehnung der Menschen zu widersetzen, passieren zwei interessante Dinge: Sie werden viel, viel weniger Ablehnung erfahren und Sie werden auch feststellen, dass es fast nie persönlich ist. Das Urteil der Leute über Sie hat mehr damit zu tun, wer die anderen sind, als wer Sie sind.

Wenn Sie immer noch Angst haben, langweilig zu sein, dann sein Sie bewusst langweilig. Sagen Sie Ihrem Gesprächspartner: »Ich bin ein eher langweiliger Gesprächspartner.«

Ihr Gegenüber wird wahrscheinlich lachen! Wenn Sie Angst vor dem Stottern haben, stottern Sie absichtlich mehrmals. Wenn Sie Angst haben, dass Ihre geheime Affäre entdeckt wird, und Sie nicht in der Lage sind, die Angst loszuwerden, dann legen Sie Ihr Geheimnis offen und enthüllen Sie es.

Klingt das schwierig? Es ist. Es ist ein vorübergehender Schmerz für einen langfristigen Gewinn. Wenn es nichts gibt, wovor Sie sich verstecken oder schützen müssen, nichts unterdrücken oder widerstehen, nichts vermeiden oder entfliehen, wird Ihr Licht hell scheinen, weil keine Energie mehr für Unterdrückung verschwendet wird.

Zehn Wege, um vollständig präsent zu werden

Wo Präsenz ist, gibt es keine Sorgen über Vergangenheit, Zukunft oder etwas anderes. Es gibt nur kristallene Klarheit. Vor diesem Hintergrund sind dies einfache Möglichkeiten, um präsenter zu werden:

1. Einfach sitzen und ein paar Minuten nichts tun

Die einfachste Sache der Welt … einfach nur zu sitzen und ein paar Minuten nichts zu tun, ist für moderne Menschen sehr schwierig. Sie sind immer getrieben, sie überdenken immer, planen immer den nächsten Schritt, tun immer irgendetwas. Einfach nur da zu sitzen und nichts zu tun, fühlt sich sehr ermächtigend an, weil man nicht mehr unter Erwartung oder

Druck steht. Befreien Sie sich von Schuldgefühlen, Zeitdruck und Ungeduld. Sitzen Sie da, atmen Sie. Einfach SEIN. Seien Sie zumindest innerhalb weniger Minuten vollständig anwesend.

2. Beschreiben Sie Objekte in Ihrer Umgebung

Beschreiben Sie im Sitzen, Stehen oder Gehen Objekte in Ihrer Umgebung. Wie würden Sie die verschiedenen Dinge beschreiben, die Sie sehen? Wie würden Sie jemandem, der nicht anwesend ist, beschreiben, damit die Person sie sich vorstellen kann? Wie würden Sie sich einem Blinden beschreiben? Eine Sache, die die meisten Leute bemerken werden, ist, dass ihnen manchmal das Vokabular fehlt, um vollständig zufriedenstellende Beschreibungen zu geben. Dabei werden Sie auch sehr fokussiert, sehr präsent und die Welt beginnt heller und interessanter zu wirken.

3. Gehen Sie herum und berühren Sie Objekte in Ihrem Umfeld

Wenn Sie überfordert, gestresst sind, Kopfschmerzen haben, sich erschöpft fühlen oder nicht anwesend sind, können Sie ein Nickerchen machen. Oder Sie gehen herum und berühren bewusst verschiedene Gegenstände, fühlen ihre Textur, Größe, Temperatur, Gewicht und Form. Ein paar Minuten davon werden Sie weniger besorgt oder ängstlich machen. Präsenz hat eine stabilisierende Wirkung auf Ihren emotionalen Zustand.

4. Beabsichtigen und dann tun

Kündigen Sie einige Minuten lang alles an, was Sie tun werden, bevor Sie es tun. Wenn Sie aufstehen wollen, sagen Sie: »Ich stehe auf.« Dann tun Sie es. Diese Ausrichtung von Gedanken und Handlungen erhöht Ihre Präsenz.

5. Schauen Sie sich Schönheit an

Der bewusste Blick auf etwas sehr Ästhetisches oder etwas Neues, das Sie noch nie zuvor gesehen haben, hilft Ihnen, präsent zu werden. Vorzugsweise handelt es sich dabei um reale Objekte, Gebäude, Pflanzen, Tiere und Menschen, es können aber auch Bilder davon sein. Innerhalb weniger Minuten sind Sie vollständig präsent. Schauen Sie sich nicht zu viele schöne Dinge auf einmal an, sondern verweilen Sie mit Ihrer Aufmerksamkeit etwas länger (60 Sekunden und mehr) bei einer Sache.

6. Duschen, baden, schwimmen oder spritzen Sie Wasser über Ihr Gesicht

Einige Kulturen, wie die Tibeter, waschen sich nicht mit Wasser (sie verwenden andere Mittel, um sich selbst zu reinigen). Der Grund dafür ist, dass Wasser viele der Energien, die Sie im Laufe des Tages oder der Nacht aufgenommen haben, abwäscht. Für uns nicht meditierende Westler ist dies eine gute Nachricht. Beim Duschen waschen wir nicht nur unseren physischen Körper und unsere Haut, sondern auch einen Teil unserer nichtphysischen Energierückstände. Deshalb fühlt sich Duschen, Baden oder Schwimmen auch geistig erfrischend an. Leute in einem Panikzustand braucht man nur kaltes Wasser übers Gesicht zu spritzen, damit sie wieder präsent werden. Verwirrte Hausfrauen brauchen nur zu duschen, um etwas von ihrer Ausgeglichenheit zurückzugewinnen. Gestresste Geschäftsleute brauchen nur schwimmen zu gehen, um zur Ruhe zu kommen.

7. Konzentrieren Sie sich auf eine Aufgabe

Wählen Sie eine Aufgabe ... eine beliebige Aufgabe ... und beabsichtigen Sie, sich voll und ganz darauf zu konzentrieren, unabhängig davon, wie Sie sich anfangs fühlen. Innerhalb weniger Minuten werden Sie präsent und fühlen sich besser.

8. Spüre die Emotion hinter dem Denken

Zu viel Denken bedeutet zu wenig Präsenz. Um Ihr Denken zu verlangsamen (besorgniserregend!), spüren Sie den emotionalen Zustand hinter dem Denken. Verlagern Sie die Aufmerksamkeit sanft vom Denken auf das tatsächliche Gefühl im Körper. Atmen Sie damit und entspannen Sie sich. Sie werden sich innerhalb kurzer Zeit präsenter fühlen.

9. Machen Sie etwas Mutiges oder etwas, das Sie aus Schüchternheit aufgeschoben haben

Wenn Sie diesen mutigen Schritt machen, den Sie aufgeschoben haben, werden Sie sofort vollständig präsent.

10. Beobachten Sie ohne Erwartung

Setzen Sie sich und beobachten Sie Ihre Gedanken oder die vorbeiziehende Welt, während Sie Erwartungen, Verlangen und Widerstand reduzieren. Sie werden sich innerhalb von Minuten klarer und präsenter fühlen. Dieses Gefühl der Präsenz kann erweitert werden, indem Sie die Zeit verlängern, in der Sie sitzen und beobachten. Das mache ich manchmal stundenlang. Spazieren gehen ist auch eine Methode der »Weltbeobachtung« und immer empfehlenswert für mehr Präsenz.

FAZIT

Ich hoffe, Sie haben dieses Buch genossen und Abschnitte markiert, die für Sie zum späteren Lesen relevant sind. Lernen Sie die in diesem Buch vorgestellten Konzepte kennen, aber überdenken oder planen Sie nicht zu viel. Zu viel Denken hemmt die freie Kommunikation. Gehen Sie hinaus und kommunizieren Sie. Finden Sie Freunde, schließen Sie Deals ab, verlieben Sie sich oder nutzen Sie ihre Energie, um die Welt angenehmer und interessanter zu machen.

ÜBER DEN AUTOR

Frederick E. Dodson wurde 1974 in den USA geboren. Er liebt es, das Leben aus vielen verschiedenen Blickwinkeln zu betrachten und spirituelles Wissen in die Praxis des Alltags umzusetzen, anstatt der »9 to 5«-Routine eines »festen Arbeitsplatzes« zu folgen. In seinen Zwanzigern schrieb und veröffentlichte er 15 Bücher und hielt viele hundert Workshops, Vorträge und Seminare zum Thema »Reality Creation« ab. In letzter Zeit hat er sich jedoch etwas vom Unterrichten zurückgezogen und führt nur einen Kurs pro Jahr durch. Er hat angefangen, »Freude zu erleben« höher zu bewerten als »andere zu lehren«. Warum? Weil jeder seine eigene Version der Wahrheit hat und der Zweck seines Lebens nicht darin besteht, andere dazu zu bringen, ihm zuzustimmen, sondern Spaß zu haben. Seine Lieblingsbeschäftigungen in der Zwischenzeit sind Tauchen, Surfen im Internet, Schreiben, Sammeln von Filmen, Reisen und luzides Träumen.

Wenn Ihnen dieses Buch gefallen hat und Sie mehr erfahren möchten, besuchen Sie seine Website unter:

www.realitycreation.org

WEITERE TITEL DES AUTORS BEI FRANZIUS

»Increase your Energy: Mehr Gesundheit, Erfolg und Glück – Deutsche Erstausgabe« von Frederick Dodson

Der Schwerpunkt dieses Buches liegt auf der Steigerung der eigenen Energie, des Bewusstseins und der eigenen Gesundheit. Es deckt ein breites Spektrum an Themen ab: von Gewichtsabnahme über das Loslassen von Ängsten und Sucht bis hin zu Glückszuständen und darüber hinaus noch vielen mehr. Hier werden zahlreiche Techniken und Prinzipien offengelegt, die in mehr als dreißig Jahren der Bewusstseinsforschung vom international bekannten Autor und Speaker Frederick Dodson erprobt wurden.

- Erreiche die geistige Entspannung, die Überfluss magnetisch anzieht.
- Lerne die Leichtigkeit des Experten, die entspannte Haltung des Milliardärs, die mühelose Ausstrahlung derer, die wissen, dass sie attraktiv sind und die innere Sicherheit derer, die sich in sich selber wohlfühlen.
- Lerne, wie du Furcht und Angst löst.
- Überwinde die Angst vor Zurückweisung, heile das festgefahrene Gefühl von Scham, und Wertlosigkeit und stoppe das Schuldgefühl.
- Lerne die Faktoren kennen, die dein Glücklichsein beeinflussen - und lerne, deine Energiezentren zu aktivieren.
- Lerne die Handlungen zur Selbstermutigung kennen.
- Erfahre, wie du am Morgen frisch und voller Energie sein kannst.
- Lese die Tipps, wie du durch die Veränderung deiner Geisteshaltung nachhaltig abnehmen kannst.
- Finde Antworten auf die Fragen, was dein Leben einzigartig macht und was deine Mission ist

Taschenbuch A5, ca 292 Seiten, ISBN: 978-3-96050-136-7
Aus dem Englischen übersetzt von Petra Liermann

»Magnetic Wealth Attraction – Sei ein Magnet für Wohlstand, Überfluss und Fülle - Deutsche Erstausgabe«

Die Regeln des Reichtums sind seit tausenden von Jahren dieselben. Lerne universelle Denkweisen, die deinen finanziellen Überfluss steigern, unabhängig davon, wer du bist und wo du dich befindest.

Du wirst mit diesem Buch lernen, mehr Vertrauen in deine Fähigkeit zu setzen, deinen Mitmenschen einen einzigartigen Dienst zu erweisen. Ebenso wird dir ein umfassendes Wissen über einfache Geschäftsmodelle, die immer funktionieren, sowie die Fähigkeit, passives Einkommen zu generieren, vermittelt. Du kannst dir die Fähigkeit aneignen, deine Glaubensmuster rund um das Thema Geld für einen lebenslangen Geldfluss grundlegend zu ändern.

Taschenbuch A5, ca 144 Seiten, ISBN: 978-3-96050-180-0
Aus dem Englischen übersetzt von Petra Liermann

Auch als Hörbuch erhältlich!
Hörbuch CD mit mp3-Dateien
Spieldauer 3h26min
Gelesen von Florian Hartnack
ISBN: 978-3-948464-26-4

Als digitales Download bei den großen Online-Portalen wie beispielsweise audible, Weltbild, deezer, Thalia und BookBeat u.v.m. ISBN 978-3-948464257

»Mit dem LEADERSHIP-COURSE zu innerer Stärke, Souveränität und positiver Führungskraft«

Dieses Handbuch fasst alle Lehren aus den verschiedenen Leadership-Workshops von Frederick Dodson zusammen. Es ist mit Sicherheit eines der mächtigsten Handbücher zu Führungsqualität, Einfluss, Souveränität und Erschaffung der Realität. Dieses Übungsheft beinhaltet:

* Eine Leistungsskala, anhand derer Sie einen genauen Status-Check machen und herausfinden können, was die nächsten Schritte zu mehr Leistung, Motivation und positiver Führung sind.
* Anleitungen und Übungen, um als Publikumsmagnet von Gruppen, Organisationen und Menschen einem fantastischen Nutzen für sich selbst, andere und die Welt zu generieren.
* Ein Verfahren, um Ihre Stärken zu vergrößern und Ihre Schwächen zu erkennen, zuzugeben und zu überwinden. Kraft wird durch maximale Authentizität erreicht. Der Umgang mit dem, was ist, macht Sie zum Meister der Realität.
* Ein Verfahren, um Ihren Mut zu maximieren. Um vorwärts zu gehen. Dorthin wo “es weh tut" und wohin sich noch niemand zuvor getraut hat. Sie werden nie eine Führungspersönlichkeit sein, wenn Sie nicht lernen, Ihre Komfortzone regelmäßig zu verlassen. Diese Übungen werden Ihnen dabei helfen, genau das konsequent zu tun.
* Ein Verfahren, das Ihnen hilft, Visionen zu entwickeln, die größer sind als Sie selbst. Folge Sie etwas, das größer als Sie selbst ist, dann werden Sie erfolgreich.
* Ein Verfahren zum Aufbau von Integrität, Werten, Tugenden, Charakterstärke und anderen Qualitäten einer positiven Führung. In diesem Abschnitt erfahren Sie, wie Sie mit Integritätsbrüchen, gebrochenen Vereinbarungen und Übertretungen umgehen und Ihre Lebensenergie wiederherstellen.

Einige der Geheimnisse, die Sie in diesem Handbuch lernen, sind verblüffend, aber werden Ihr Leben für immer verändern. Hier nur eines von vielen: Wussten Sie, dass eines der großen Geheimnisse der Führung nicht die Selbstermächtigung, sondern die Ermächtigung anderer ist? Jetzt, wo Sie es gelesen haben, werden Sie vielleicht sagen: "Das macht Sinn!" aber unzählige Bücher und Seminare zum Thema Leadership lehren genau das Gegenteil – nämlich, dass „Self-Empowerment“ die Basis guter Leadership sei. Mit Hilfe dieses Buches werden Sie in der Lage sein, den ganzen Müll, den Sie gelernt haben, wegzuwerfen und Dinge zu lernen, die Sie nicht über Führung kennen, sondern wie es ist, eine Führungskraft zu SEIN!

* Seien Sie nicht länger auf die Zustimmung der Leute angewiesen, sondern tun Sie das Richtige.
* Lassen Sie es für sich und andere in Ordnung sein, wenn Sie "Nein" sagen.
* Hören Sie auf, das Tun (Handeln) und Haben (Besitzen) erfolgreicher Menschen zu imitieren und studieren Sie stattdessen die tiefere Natur dessen, das diese Handlungen und Besitztümer erschafft.
* Lernen Sie, unter schwierigen Umständen ruhig und ausgeglichen zu bleiben.
* Lerne Sie, Ihre Beziehungen zu anderen zu vertiefen.
* Erfahre Sie zweifelsfrei, was Ihr Lebenszweck ist.

Selbst wenn Sie seit Jahrzehnten Bücher über Weiterbildung lesen, wird Sie dieses Buch umhauen. Es enthält neue und überraschende Lektionen, die von der zeitgenössischen Pop- und Motivationspsychologie sowie der New-Age-Literatur ignoriert werden. Niemand möchte Ihnen so etwas erzählen, weil er befürchtet, seinen eigenen Vorteil zu verlieren. Dieses Handbuch ist prägnant in kurze Übungen unterteilt, damit Sie sich auf die Anwendung fokussieren können, anstatt sich auf das Lesen zu konzentrieren.

Taschenbuch A5, ca. 96 Seiten
Aus dem Englischen übersetzt von der Franzius Verlag GmbH
ISBN: 978-3-96050-225-8

WEITERE RATGEBER BEI FRANZIUS

TOP-NOVITÄT 2022!

»Nicht offensichtliche Megatrends – Wie man erkennt, was andere übersehen, und die Zukunft vorhersagt«
Deutsche Erstausgabe des Titels »Non Obvious Megatrends: How to See What Others Miss and Predict the Future«
Von Rohit Bhargava
Aus dem Englischen übersetzt von der FRANZIUS Verlag GmbH
A5-Format, ca 300 Seiten
ISBN 978-3-96050-198-5 (Hardcover)
ISBN 978-3-96050-091-9 (Softcover)

Rohit Bhargava ist ein Innovations- und Marketingexperte und der Gründer der Non-Obvious Company. Er verbrachte 15 Jahre als Marketingstratege für Ogilvy und Leo Burnett, ist der Bestsellerautor des Wall Street Journal für sechs Geschäftsbücher und unterrichtet Marketing und Innovation an der Georgetown University.

In den letzten zehn Jahren hat Rohit Bhargavas jährlicher Non-Obvious Trend Report dazu beigetragen, dass über eine Million Leser mehr als 100 Trends entdeckt haben, die unsere Kultur derzeit prägen. Was wäre, wenn auch Sie die Trends vorhersagen könnten, die Ihr Geschäft verändern können?

Diese Sonderausgabe (zum 10-jährigen Jubiläum) bietet einen beispiellosen Blick hinter die Kulissen der Heuhaufen-Methode des Autors, um Trends zu identifizieren und zu lernen, wie Sie Trends selbst kuratieren und vorhersagen können. Sie müssen kein Futurist oder Innovator sein, um zu lernen, wie man wie einer denkt.

Der Schlüssel zum Wachstum Ihres Unternehmens oder zur Förderung Ihrer Karriere in den nächsten zehn Jahren liegt im besseren Verständnis der Gegenwart. Die Zukunft gehört den nicht offensichtlichen Denkern und dieses Buch ist Ihr Leitfaden, um einer zu werden.

Der Autor beschreibt in seinem Buch nicht nur die Trends, sondern auch **die gesellschaftlichen Auswirkungen** sowie die Herausforderungen, die an die Unternehmen und die Mitarbeiter gestellt werden. Und er gibt einen Leitfaden an die Hand, wie Sie auf darauf reagieren und selbst neue Trends entdecken können, bevor andere es tun. Diese Jubiläumsausgabe hat es in sich:

• Der Autor gewährt einen Einblick in die Methodik, die auch für Laien sehr gut nachvollziehbar ist.
• Es warten **10 MEGA-Trends** auf den Leser, die kaum spannender sein könnten.
• Ein Rückblick führt **alle Trends der letzten 10 Jahre** auf und gibt eine Bewertung, wie gut sich die Trendvorhersagen über die Jahre bewährt haben.
• Ein Vorwort über Covid-19 rundet das Bild ab. Denn diese Zeit hat einige der Trends beschleunigt.

Die englische Originalausgabe war **Finalist** bei den **"International Book Awards"** und den **"National Indie Excellence Awards 2019"** und schaffte es auf die Bestseller-Liste der "Washington Post".

»30 Tage, um eine Katze zu werden« von Stéphane Garnier
Mein Übungsbuch, um mich weiterzuentwickeln und zu erstrahlen

»Es ist entschieden, morgen bin ich eine Katze.«

Was wäre, wenn wir zustimmen würden, unseren menschlichen Zustand in Frage zu stellen, um uns – sanft aber überzeugend – katzenhafter zu verhalten? Denn die Katze hat alles verstanden: Sie ist frei, ruhig, aufmerksam, vorsichtig, elegant, charismatisch, unabhängig, stolz, autonom ... So viele beneidenswerte Eigenschaften, die Sie leicht entwickeln können, indem Sie sich täglich von ihr inspirieren lassen.

Dies ist ein praktisches und humorvolles Notizbuch, um uns in die Lage unserer Katzen zu versetzen und unsere Augen für die manchmal sehr oberflächliche Natur unserer eigenen menschlichen Aktivitäten zu öffnen.

ZAHLREICHE PRAKTISCHE ÜBUNGEN, UM DIE LEBENSART DER KATZE ZU BEOBACHTEN, ZU ERWERBEN, VERÄNDERUNGEN ZU AKZEPTIEREN – UM ZU ERSTAHLEN!

Unfassbar schöne Illustration auf jeder Seite runden dieses Werk ab und machen es zu einem Meisterwerk der Lebenskunst.

Wie Stéphane Garnier, Autor des Bestsellers »Acting and Thinking Like a Cat«, schreibt: »Wir wissen: Katzen haben immer Recht!«

Hardcover A5, ca 264 Seiten, ISBN: 978-3-96050-228-9

»200 Ratgeber oder dieser« von Dr. Florian Hartnack

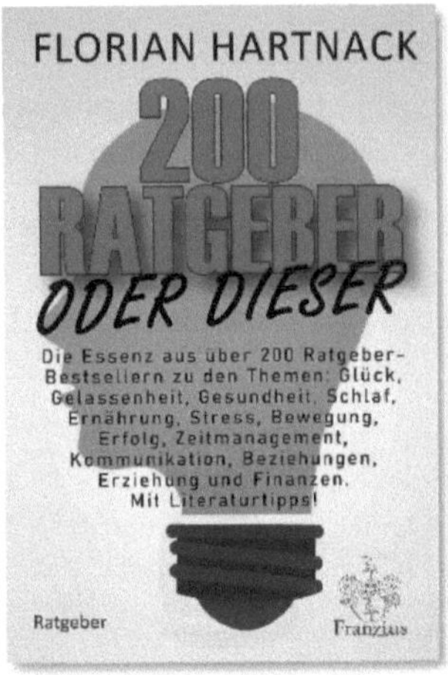

Die Essenz aus über 200 Ratgeber-Bestsellern zu den Themen: Glück, Gelassenheit, Gesundheit, Schlaf, Ernährung, Stress, Bewegung, Zeitmanagement, Kommunikation, Beziehungen, Erziehung und Finanzen. Mit Literaturtipps!
Ihr WEG zu GLÜCK, GESUNDHEIT und ERFOLG beginnt HIERMIT!

Es existieren hunderte Ratgeber mit Tipps für ein gesundes, erfolgreiches und glückliches Leben. Doch welche Tipps sind wirklich neu und relevant? Welche Hinweise sind essenziell? Und muss man wirklich viele Ratgeber lesen? Oder nur diesen einen?
Der Lehrer und Wissenschaftler Dr. Florian Hartnack hat über Jahre hinweg viele erfolgreiche Ratgeber analysiert und die Tipps selbst ausprobiert. In diesem Buch fasst er die Kernaussagen aus über 200 Ratgebern zusammen:
- Gelassenheit und Glück durch Achtsamkeit und Meditation
- Gesundheit: Ernährung, Bewegung, Stressbewältigung und Schlaf
- Erfolg: Effektives Zeitmanagement, Kommunikation und Kompetenz
- Erziehung und Beziehungen: Elternschaft, Liebe, Partnerschaft
- Finanzen: Schritt für Schritt-Anleitung zum finanziellen Erfolg

Dieser Ratgeber enthält geballtes Wissen für alle Lebensbereiche – verständlich geschrieben und sofort umsetzbar.
Selbstverständlich befinden sich im Anhang ein umfangreicher Quellennachweis und weitere Literaturtipps zum Vertiefen der Kenntnisse.
Nehmen Sie Ihr Leben mit Leichtigkeit selber in die Hand. Optimieren Sie sich selber! Und sparen dabei Zeit.
Hardcover A5, ca 200 Seiten ISBN: 978-3-96050-218-0
Softcover A5, ca 200 Seiten, ISBN: 978-3-96050-217-3

»Enneagramm und Hochsensibilität - Die neun Persönlichkeitstypen und ihr Entwicklungspotenzial« von Dr. Marianne Skarics

Das Enneagramm ist ein sehr altes System zur Selbstfindung und zum besseren Verständnis unserer Persönlichkeitsmuster. Es unterscheidet neun grundlegende Charaktertypen und zahlreiche Untertypen. Doch das Enneagramm beschreibt die Persönlichkeitstypen nicht nur, sondern es erklärt, warum wir sind wie wir sind. Es deckt also unsere Motive, Ängste, Grundbedürfnisse und Abwehrmechanismen auf und veranschaulicht unsere Entwicklungsmöglichkeiten. Dem eigenen Enneagrammtyp samt Untertyp auf die Spur zu kommen, bedeutet daher auch, sich selbst und seine Problembereiche besser zu verstehen sowie Wege zur optimalen Entfaltung der Persönlichkeit und des eigenen Potenzials zu erkennen.

Frau Dr. Skarics stellt in diesem Buch das Enneagramm in seiner ganzen Tiefe und Komplexität umfangreich vor, und sie verbindet erstmals dessen neun Persönlichkeitstypen mit der Thematik der Hochsensibilität. Anhand des Enneagramms können die Unterschiede zwischen Hochsensiblen beschrieben und die verschiedenen Ausprägungsarten von Hochsensibilität auf anschauliche Weise erklärt werden. Dadurch ist es möglich, die eigene ganz spezielle Form der Hochsensibilität weitaus tiefgreifender zu verstehen. Zugleich bedeutet dies eine Erweiterung des Enneagrammwissens um die Dimension der Hochsensibilität.

Ein Buch, das viele Aha-Momente beschert und Möglichkeiten zur optimalen Persönlichkeitsentfaltung aufzeigt. Mit zahlreichen Tipps und Übungen für alle Enneagrammtypen sowie Zusatzübungen für die hochsensiblen Vertreter aller Typen stellt es eine wertvolle praktische Lebenshilfe und Anregung zu persönlichem Wachstum dar.

Dr. Marianne Skarics studierte Publizistik- und Kommunikationswissenschaft, Soziologie, Philosophie und Pädagogik an der Universität Wien. Sie ist HSP-Expertin der ersten Stunde und beschäftigt sich seit 20 Jahren mit dem Enneagramm. Drei Bücher sind bereits von ihr erschienen, darunter das sehr erfolgreiche Buch »Sensibel kompetent - Zart besaitet und erfolgreich im Beruf«.

A5 Format, ca 340 Seiten

Softcover ISBN: 978-3-96050-170-1, Hardcover ISBN: 978-3-96050-215-9

»Verschenke deine Zeit sinnvoll – Die Kunst, Zeit bewusst in das zu investieren, was dich erfüllt«
Von Regula Meile

Hast du den Eindruck, nie genügend Zeit für die Dinge zu haben, die dir wichtig sind? Hast du oft das Gefühl, das Leben zieht an dir vorbei? Sehnst du dich danach, dein Leben mehr nach deinen Vorstellungen zu gestalten, anstatt ständig zu versuchen, allen Erwartungen gerecht zu werden? Den Erwartungen der Gesellschaft, deines sozialen Umfeldes und den Erwartungen, die du selbst an dich stellst?

Dieses Buch hilft dir dabei, die "Stopp-Taste" zu drücken, Automatismen zu hinterfragen, eine neue Perspektive einzunehmen und die Veränderungen anzugehen, die es braucht, damit du am Ende deines Lebens nicht voller Reue lediglich auf ungelebte Träume, unrealisierte Projekte und ungepflegte Beziehungen zurückblickst.

Die Autorin zeigt anschaulich und einfühlsam, mit Inspirationen und einfachen Übungen neue Wege auf, die Zeit und Aufmerksamkeit in lebendige Beziehungen und jene Projekte zu investieren, die wirklich zählen. Bist du bereit?
A5 Format, ca 276 Seiten
Hardcover ISBN: 978-3-96050-233-3

»Entzündungen natürlich behandeln – Die grüne Taschenapotheke«
Von Prof. Dr. Nadine Berling

Entzündungen haben verschiedene Gesichter: Sie zeigen sich je nach Ursache lokal begrenzt oder systemisch, akut oder still. Sie können sich von Außen nach Innen heraus äußern oder umgekehrt. Ihre Ursachen reichen von Verletzungen, über Virusinfektionen bis hin zu Allergien und Autoimmunerkrankungen. Entzündungshemmende Naturheilverfahren und Heilpflanzen können den Körper vor Entzündungen schützen oder sie können innere und äußere Brände abmildern. Der Ratgeber "Entzündungen natürlich behandeln" richtet sich an betroffene Laien und Hobby-Heilpflanzenkundler*Innen, die erfahren möchten, was sie bei verschiedensten Entzündungen selber tun können.

Über die Autorin

Dr. Nadine Berling verbindet Ernährungswissenschaften, Medizin und Phytopharmazie. Sie ist Ökotrophologin und promovierte über Heilpflanzen in theoretischer Medizin. Heute arbeitet sie als Autorin und als Ernährungstherapeutin mit Krankenkassenzulassung. Das Thema Entzündung im ganzheitlichen Kontext fasziniert sie schon seit ihrer ersten Berufsausbildung in einer Apotheke. Die Autorin wurde im April 2021 zum Professor der Ernährungsberatung und Public Nutrition an der APOLLON Hochschule der Gesundheitswirtschaft in Bremen berufen!
A5-Format, ca 132 Seiten, mit 24 schwarz-weiß Fotos
Softcover ISBN: 978-3-96050-210-4, Hardcover ISBN: 978-3-96050-203-6

»Wenn Millennials übernehmen - Bereiten Sie sich auf die amüsant einfache Geschäftswelt der Zukunft vor (Deutsche Erstausgabe)«
Von Jamie Notter und Maddie Grant

Ist Ihre Organisation bereit für das, was kommen wird? Zwischen dem Niedergang des aktuellen Managements, der Machtverschiebung zu sozialen Medien und zu Einzelpersonen hin sowie dem Aufstieg der Millennial-Generation in Führungspositionen stehen Unternehmen aller Formen und Größen vor einer Zukunft, für die sie schlecht gerüstet sind. Infolge dieses perfekten Sturms an Veränderungen haben viele Unternehmen Schwierigkeiten, für die Kunden relevant zu bleiben, die Chancen auf dem Markt zu nutzen und Top-Talente anzuziehen.

Erfolgreiche Unternehmen hingegen wechseln zu vier Schlüsselkapazitäten, die die Zukunft des Geschäfts bestimmen: digital, klar, flüssig und schnell. Anhand aktueller Fallstudien und Untersuchungen zu Millennials am Arbeitsplatz lernen Sie, wie Sie diese vier Funktionen in Ihrem Kontext erfolgreich einsetzen können, um echte Geschäftsergebnisse zu erzielen, z. B. durch engagiertere Mitarbeiter, höherwertige Kunden, größere strategische Agilität und stärkere magnetische Kulturen.

Die einzige Konstante ist die Veränderung. Diese vier Kapazitäten sind der Schlüssel, um mit der Komplexität, Unsicherheit und den raschen Veränderungen in unseren Branchen und unserer Welt Schritt

halten zu können. „Wenn Millennials übernehmen" ist ein intelligent praktischer Leitfaden, wie Sie diese Kapazitäten für Ihr Unternehmen aufbauen können - ab JETZT.
A5-Format, ca 240 Seiten
Aus dem Englischen übersetzt von der FRANZIUS Verlag GmbH
Hardcover ISBN: 978-3-96050-208-1
Softcover ISBN: 978-3-96050-206-7

»Grenzenlos – Wie man seine Berufung findet und mit drei weiteren essentiellen Faktoren die individuelle Balance schafft, um im völligen Einklang mit dem eigenen Leben zu sein« von Laura Gassner Otting (Deutsche Erstausgabe)

Was ist, wenn der Erfolg kein Glück bringt? Viele von uns verbringen ihr Leben damit, einer einzigartigen Idee des Erfolgs hinterher zu jagen, die für uns von jemand Anderem geschaffen wurde. Wir schenken jenen Gehör, die nicht wirklich Ahnung haben und streben danach, immer effektiver zu werden, selbst wenn wir dadurch immer weiter zurückfallen. Wir jagen goldene Sterne, wir überprüfen alle Checklisten, wir folgen dem gängigen Trend – doch wir fühlen uns immer noch unvollständig.

Dies ist keine Geschichte über das Scheitern, doch es könnte eine sein. Wenn wir Erfolg nicht in unseren eigenen Begriffen definieren, wird es unmöglich, unseren Daseinszweck zu finden und unseren eigenen Weg zu beschreiten.

Wie können Sie den Kreislauf durchbrechen, um bei der Arbeit effektiver und im Leben zufriedener zu werden?

In „Grenzenlos" zeigt Ihnen Laura Gassner Otting, wie Sie die Regeln, die Ihre Grenzen geschaffen haben, ignorieren, wie Sie Ihre Energien und Handlungen aufeinander abstimmen und Arbeiten ausführen, die wirklich wichtig sind, damit Sie ein für sich selber optimales Leben führen können.

Wenn Sie jemals davon geträumt haben, Ihr eigenes persönliches Ziel zu entdecken und zu ihm durchzustoßen, einem Ziel, welches so groß und beängstigend ist, dass Sie bisher nur davon träumen konnten, dann

ist dieses Buch die bisher unbekannte Erlaubnis, wie sie entdecken und erreichen, was nur Sie erreichen können.
A5-Format, ca. 150 Seiten
Aus dem Englischen übersetzt von der FRANZIUS Verlag GmbH
Hardcover ISBN: 978-3-96050-197-8
Softcover ISBN: 978-3-96050-192-3

»Das Handbuch der ketogenen Ernährung«
von Fabrizio P. Calderaro
Taschenbuch, ca. 220 Seiten, ISBN: 978-3-96050-071-1

»KETOGA - Ketogene Ernährung und Yoga«
von Fabrizio P. Calderaro
Taschenbuch, ca. 348 Seiten, ISBN: 978-3-96050-120-6

»Elternratgeber«
von Yngra Wieland
Kinder selbstbewusst begleiten – Wie Eltern die »Copy-Paste-Falle« vermeiden
Taschenbuch, ca. 209 Seiten, ISBN: 978-3-96050-017-9

»Weiblichkeit leben«
Zurück in die Steinzeit oder vorwärts in ein neues Leben
von Petra Liermann
Taschenbuch, 116 Seiten, ISBN: 978-3-96050-067-4

»Eine Seele in zwei Körpern«
Der Weg der Dualseelen in eine glückliche Beziehung
von Petra Liermann
Taschenbuch, ca 230 Seiten, ISBN: 978-3-96050-118-3

»Eine glückliche Seele in zwei Körpern«
Dualseele 2.0
von Petra Liermann
Taschenbuch, ca 108 Seiten, ISBN: 978-3-96050-178-7

Novitäten 2021 / 2022 im Franzius Verlag

Romane

»Blutspur 629«, Band 3 der »Rich & Mysterious«-Reihe
Krimi von Neal Skye, ISBN 978-3-96050-214-2

»Shitstorm – Ein Edda Valby Krimi«
Schweden-Krimi von Neal Skye, ISBN 978-3-96050-232-6
Erscheint voraussichtlich im Mai 2022

»Die Siegel Asinjas Teil 3: Die Macht der Dämonen«
Fantasy-Roman / Young Adult von Andi LaPatt
ISBN 978-3-96050-212-8

»Fette Sau – Ich bin gegen Mobbing, und Du?«
Roman von Christiane Kromp, ISBN 978-3-96050-201-2

»Nachbeben –
Oder gehört das ganze Leben in die Änderungsschneiderei?«
Roman von Sybille Statz, ISBN 978-3-96050-192-2

»Endstation Himmel«
Roman von Angelika Lorenz, ISBN 978-3-96050-186-2

Kinder- und Jugendbücher

»Acello und das alte Museum«
Band 5 der »Acello«-Reihe
Von Mirjam Wyser, ISBN 978-3-96050-220-3

»Die Kristallkinder und die Suche nach dem Gralskelch«
Band 4 der »Kristallkinder«-Reihe
(mit 12 ganzseitigen Illustrationen von Gabriele Merl)
Von Mirjam Wyser, ISBN 978-3-96050-227-2